# LE TOUR DU MONDE EN 80 PRIÈRES

Textes recueillis
par Désirée Le Roux

ALBIN MICHEL

*Maquette :* Claire Ferrasse


22, rue Huyghens, 75014 Paris

ISBN : 2-226-09287-0

*Pour Alvaro*

# *Prier, disent-ils…*

Il vaut mieux mettre son cœur dans la prière sans trouver de paroles que trouver des mots sans y mettre son cœur.

*Mahatma Gandhi*

Songeons aussi à de vieilles prières qui nous ont consolés, bien que nous n'ayons nullement songé à leur signification, à des chants et à des poèmes anciens, pour lesquels il n'est pas d'explication précise, mais qui, récités devant nous, inondent nos cœurs de toutes sortes de jouissances et de souffrances.

*Stefan George*

Nul n'a prié avec ferveur sans apprendre quelque chose.

*Ralph Waldo Emerson*

La grandeur de la prière réside d'abord en ce qu'il n'y est point répondu et que n'entre point dans cet échange la laideur d'un commerce.

*Antoine de Saint-Exupéry*

Rien n'est beau comme un enfant qui s'endort en faisant sa prière, dit Dieu.

*Charles Péguy*

Je ne m'agenouille point maintenant
Pour te prier de blanchir un péché véniel ;
Je m'agenouille seulement, Seigneur,
Pour te remercier de ce que je n'ai pas été.

*Harry Kemp*

Prier, c'est exaucer Dieu.

*André Frossard*

Dans une souffrance aiguë, un cri de prière peut jaillir de n'importe quelles lèvres humaines.

*Albert Marie Besnard*

La maison de Dieu a les cris en horreur.
Prie pour toi avec les désirs de ton cœur, dont toutes les paroles sont cachées ; alors Dieu fera ce que tu désires, alors il t'exaucera.

*Prière de l'Egypte ancienne*

Dans cette union intense qu'est la prière, Dieu et l'âme sont comme deux morceaux de cire fondus ensemble.

*Le curé d'Ars*

Quand tu pries, ne regarde pas ta prière comme une observance fixée, mais comme un appel à la miséricorde et à la grâce du Tout-Présent.

*Le Talmud*

Prier n'est pas demander : c'est une aspiration de l'âme.

*Mahatma Gandhi*

Si par la prière
Incessante je pouvais espérer changer la volonté
De Celui qui peut toutes choses, je ne cesserais point
De L'importuner de mes cris assidus.

*Milton*

Tout ce que vous demanderez dans la prière, croyez fermement que vous l'avez obtenu, et cela vous sera accordé.

*Le Nouveau Testament, Marc, XI, 24*

Aimer, prier, chanter, voilà toute ma vie.

*Alphonse de Lamartine*

La prière est la sœur tremblante de l'amour.

*Victor Hugo*

Alors une prêtresse dit, Parlez-nous de la Prière.
Et il répondit, disant :
Vous priez en votre détresse et en votre besoin ;
puissiez-vous prier aussi dans la plénitude de votre
joie et en vos jours d'abondance.
Car la prière qu'est-elle sinon l'expression de votre
être dans l'éther vivant ?
Et si c'est pour votre soulagement que vous versez
votre obscurité dans l'espace, c'est aussi pour votre
délice que vous exhalez l'aube de votre cœur.
Et si vous ne pouvez que pleurer lorsque votre âme
vous appelle à la prière, elle devrait vous éperonner
encore et encore, malgré les pleurs, jusqu'à ce que
vous arriviez à rire.
Lorsque vous priez, vous vous élevez pour rencontrer
dans l'air ceux qui prient à cette même heure, et que,
sauf en prière, vous ne pourriez rencontrer.
Aussi que votre visite dans ce temple invisible
ne soit que pour l'extase et la douce communion.
Car si vous ne pénétrez dans le temple
que pour solliciter vous ne recevrez pas :

Et si vous y pénétrez pour vous humilier
vous ne serez pas élevés :
Ou même si vous y pénétrez pour implorer le bonheur
pour les autres vous ne serez pas entendus.
C'est assez que vous pénétriez
dans le temple invisible.
Je ne puis vous apprendre à prier avec des mots.
Dieu n'écoute pas vos paroles sauf lorsque Lui-même
les prononce à travers vos lèvres.
Et je ne puis vous apprendre les prières des mers
et des forêts et des montagnes.
Mais vous qui êtes nés des montagnes et des forêts et
des mers pouvez trouver leur prière dans votre cœur.
Et si seulement vous écoutez dans le calme de la nuit
vous les entendrez dire en silence :
« Notre Dieu, qui est notre moi ailé,
c'est ta volonté en nous qui veut.
C'est ton désir en nous qui désire.
C'est ton élan en nous qui voudrait changer nos nuits,
qui sont tiennes, en jours qui sont tiens aussi.
Nous ne pouvons te demander quoi que ce soit
car tu connais nos besoins
avant qu'ils ne soient nés en nous :
Tu es notre besoin ; et en nous donnant
plus de toi-même, tu nous donnes tout. »

*Khalil Gibran, Le Prophète*

# SOMMAIRE

# *Prières d'Afrique*

## Prière d'un petit enfant nègre pour ne plus aller à l'école

Seigneur, je suis très fatigué,
Je suis né fatigué.
Et j'ai beaucoup marché depuis le chant du coq
Et le morne est bien haut qui mène à leur école.
Seigneur, je vous en prie, que je n'y aille plus !
Je veux suivre mon père dans les ravines fraîches
Quand la nuit flotte encore dans le mystère des bois
Où glissent les esprits que l'aube vient chasser.
Je veux aller pieds nus par les rouges sentiers
Que cuisent les flammes de midi,

Je veux dormir ma sieste au pied des lourds manguiers,
Je veux me réveiller
Lorsque là-bas mugit la sirène des Blancs
Et que l'Usine
Sur l'océan des cannes
Comme un bateau ancrée
Vomit dans la campagne son équipage nègre...
Seigneur, je ne veux plus aller à leur école,
Faites, je vous en prie, que je n'y aille plus.
[...]
Les nègres, vous le savez, n'ont que trop travaillé.
Pourquoi faut-il, de plus, apprendre dans des livres
Qui nous parlent des choses qui ne sont point d'ici ?
Et puis elle est vraiment trop triste, leur école,
Triste comme
Ces messieurs de la ville,
Ces messieurs comme il faut

Qui ne savent plus danser le soir au clair de lune,
Qui ne savent plus marcher sur la chair de leurs pieds,
Qui ne savent plus conter les contes aux veillées.
Seigneur, je ne veux plus aller à leur école.

***Guy Tirolien***

# Du'à

Ô Seigneur, aie pitié de nous !
Eloigne de nous le souci et le chagrin !
Et de toute difficulté
Libère-nous !

Sauve-nous de la difficulté
Et des choses de l'inquiétude !
Plus tard, dans le feu de l'Enfer
ne nous jette pas !...

Gratifie-nous de splendeur !
Et que les cœurs quittent la crainte
Et connaissent la plénitude de la science
Et de la religion.

*Prière musulmane souaheli*

## Prière à la nouvelle lune

Sois pour nous une lune de joie et de bonheur
Que le jeune homme se fortifie
et que l'adulte conserve sa force.
Que la femme enceinte accouche.
Et que celle qui a accouché puisse nourrir son enfant.
Que l'étranger arrive au terme de son voyage
et que les habitants demeurent en sécurité
dans leurs maisons.
Que le bétail qui paît au pâturage
rentre heureusement.
Sois une lune de récolte et de veaux.
Sois une lune rafraîchissante et de bonne santé.

# Imana !

Tu nous as formés et tu nous as tout donné :
Le taureau et sa sœur la vache,
Le bélier et sa sœur la brebis,
Le coq et sa sœur la poule,
Et tous les animaux, tu les as faits frères et sœurs
Pour qu'ils puissent se multiplier et nous être utiles.
Je t'offre maintenant ce don
Formé des choses que tu nous as données :
Tu as tout fait, tu peux tout, toutes choses sont à toi,
Tu es bon, tu es généreux et tu nous aimes.
Ecoute donc la prière de ta fille :
Elle n'a pas d'enfants, alors que tout ce que tu as fait
Est capable d'engendrer :
Accorde-moi donc aussi ce bienfait.

*Prière des Tutsis*

# Chant de l'Arc-en-Ciel

Khwa, yé, oh ! Khwa ! Arc-en-Ciel, oh ! Arc-en-Ciel,
Toi qui brilles tout là-haut, si haut
Par-dessus la fôret si grande,
Au milieu des nuages noirs,
Partageant le ciel sombre,
Tu as renversé sous toi,
Vainqueur dans la lutte
Le tonnerre qui grondait,
Qui grondait si fort, irrité.
Etait-il fâché contre nous ?
Au milieu des nuages noirs
Partageant le ciel sombre,
Comme le couteau qui tranche le fruit trop mûr,
Arc-en-Ciel, Arc-en-Ciel.
Et il a pris la fuite,
Le tonnerre tueur des hommes,
comme l'antilope devant la panthère,
Et il a pris la fuite
Arc-en-Ciel, Arc-en-Ciel,
Arc puissant du chasseur de là-haut,
Du chasseur qui poursuit le troupeau des nuages,
Comme un troupeau d'éléphants effrayés,
Arc-en-Ciel, dis-lui notre merci.
Dis-lui ! Ne sois pas fâché.
Dis-lui ! Ne sois pas irrité.
Dis-lui ! Ne nous tue pas.
Car nous avons très peur,
Arc-en-Ciel, dis-le lui.

***Prière pygmée (Forêt équatoriale, Congo, Gabon)***

## Profession de foi

Je crois. C'est moi qui crois vraiment !
Je crois qu'il y a un Dieu père,
je crois qu'il créa les choses sans valeur
du ciel et de la terre,
je dis qu'il a tout fait,
en sorte qu'il a bien ajusté cet univers.
J'accepte ! J'accepte ! C'est moi qui accepte (vraiment) !
J'accepte Notre Seigneur Jésus-Christ,
j'accepte qu'il est le Fils unique de Dieu,
qui descendit au milieu de nous ;
Prit notre corps et le revêtit,
et finit par devenir fils de notre famille !
C'est l'Esprit-Saint qui a fait cela ;
C'est Sainte Marie qui l'a enfanté !
Sous l'autorité de Ponce Pilate,
Il a accepté toutes ces espèces de souffrances ;
à cause de nous il accepta la mort ;
Ils le clouèrent sur la croix ;
ils l'en enlevèrent et allèrent l'ensevelir.
Je crois. Il est sorti du tombeau !
C'est moi qui crois (vraiment)
Avec sa seule force
(Il est sorti) de la mort le troisième jour ;
je crois qu'il retourna chez Dieu puissant et glorieux.
Il sortira de là et viendra juger la famille
des vivants et des morts.
Je crois. Je crois l'Esprit-Saint !
C'est moi qui crois cela ! [...]
Je crois que les saints sont réunis ensemble,

et (je crois en) la résurrection de la terre et des hommes.
Je crois que Dieu nous aidera
pour que nous gagnions le bonheur du ciel.
Dieu fera que ce soit ainsi, et finisse bien.

*Profession de foi chrétienne des Mosis (Haute-Volta).*

## Que l'Afrique te connaisse

Que l'Afrique te connaisse, Seigneur Dieu,
Toi le chef de tous ces grands chefs,
Toi le père de tous ces anciens,
Toi la sagesse de ces sages.
Donne à chaque peuple et à chaque tribu,
De te chercher, de te connaître,
De savoir que tu es le seul Dieu véritable,
Et que t'acclamer, c'est être fidèle à l'Afrique.
Que la paix te connaisse,
Que le monde te connaise, toi, le vrai Dieu.
Vrai non pas à cause de ces lambeaux
Que nous arrachons de toi
Pour nos propres commodités,
Mais vrai au-delà de tous les noms que nous te donnons.
Qu'ils te connaissent
Les hommes de l'Afrique et ceux du monde entier
Afin que tu sois enfin Dieu
C'est-à-dire celui qui n'appartient à personne
Et qu'aucune civilisation ne saurait coloniser ;
Afin que les religions
ne soient plus des tours d'ivoire commodes,
Trop commodes pour y entasser
Les durs cailloux de nos intérêts inavoués,
Des palais où s'étagent en ordre hiérarchique
Notre volonté de puissance et de gloire.
Sois connu
Afin que tes messagers sachent
Que tu les as précédés
Et que tu es à l'œuvre dans toutes les cultures

Et qu'ils apprennent à te découvrir en te donnant.
Pour que toute parole,
Quelle que soit la couleur de la bouche
Qui la prononce
Participe à ton verbe créateur
Et soit prise au sérieux par l'homme ta créature ;
Afin que la raison ne soit plus cartésienne
Mais simplement humaine et que disparaisse
L'orgueil monstrueux de l'homme qui rejette son frère
Dans la préhistoire ou la protohistoire
Et qu'on n'applique plus sur une portion de tes enfants
La loupe de la curiosité
Qu'on applique
Sur les animacules,
Afin que les princes de l'intelligence et de l'avoir
N'étendent pas leurs ailes d'aigles
Pour empêcher la terre d'être innondée
De ta lumière
Et baignée de l'ardeur de ton amour
Et que ce monde ne soit pas un gâteau
Où seulement quelques-uns mordent
Avec les dents durcies d'un prétendu droit d'aînesse ;
Qu'ils te connaissent afin que l'art
Ait pour patrie
Le cœur de l'homme :
Que l'homme ne s'érige plus en Dieu pour l'homme,
Pour que la croix ne soit plus un bijou et la souffrance un blasphème.
Afin que soit enfin entonné le chant funèbre
De tout mépris et de toute supériorité
Et que batte la frénésie du tam-tam de la fraternité retrouvée,

Communion de l'homme à la feuille qui vibre,
De l'homme au murmure d'amour de l'homme,
De l'homme à la totalité que nous entrevoyons
Mais que seul tu es éternellement.

*Prière d'un prêtre camerounais*

## Une ceinture de mains fraternelles

Au pied de mon Afrique crucifiée depuis quatre cents
ans et pourtant respirante.
Laisse-moi te dire, Seigneur, sa prière de paix
et de pardon.

Seigneur Dieu, pardonne à l'Europe blanche !
Et il est vrai, Seigneur, que pendant quatre siècles
de lumières, elle a jeté la bave et les abois
de ses molosses sur mes terres.
Et les chrétiens, abjurant Ta lumière et la mansuétude
de Ton cœur,
Ont éclairé leurs bivouacs avec mes parchemins, torturé
mes talbés, déporté mes docteurs et maîtres-de-science.
Leur poudre a croulé dans l'éclair la fierté des tatas
et des collines
Et leurs boulets ont traversé les reins d'empires vastes
comme le jour clair, de la Corne de l'Occident
jusqu'à l'Horizon oriental.

Car j'ai une grande faiblesse pour la France
Bénis ce peuple garrotté qui par deux fois sut libérer ses
mains et osa proclamer l'avènement des pauvres à la royauté.
Qui fit des esclaves du jour des hommes libres égaux
et fraternels.
Bénis ce peuple qui m'a apporté Ta Bonne Nouvelle,
Seigneur, et ouvert mes paupières lourdes à la lumière
de la foi.
Il a ouvert mon cœur à la connaissance du monde,
me montrant l'arc-en-ciel

des visages neufs de mes frères.
Je vous salue mes frères : toi Mohamed ben Abdallah,
toi Razafymahatratra, et puis là-bas Pham-Manh-Tuong,
vous des mers pacifiques et vous des forêts enchantées.
Je vous salue tous d'un cœur catholique.
Ah ! je sais bien que plus d'un de tes messagers a traqué
mes prêtres comme gibier et fait un grand carnage
d'images pieuses.
Et pourtant on aurait pu s'arranger, car elles furent,
ces images, de la terre à Ton ciel l'échelle de Jacob.
La lampe au beurre noir qui permet d'attendre l'aube,
les étoiles qui préfigurent le soleil.
Je sais que nombre de Tes missionnaires ont béni les
armes de la violence et pactisé avec l'or des banquiers.
Mais il faut qu'il y ait des traîtres et des imbéciles.

Ô bénis ce peuple, Seigneur, qui cherche son propre
visage sous le masque et a peine à le reconnaître.
Qui te cherche parmi le froid, parmi la faim
qui lui rongent os et entrailles.
Et la fiancée pleure sa viduité, et le jeune homme
voit sa jeunesse cambriolée.
Et la femme lamente oh ! l'œil absent de son mari,
et la mère cherche le rêve de son enfant dans les gravats.

Ô bénis ce peuple qui rompt ses liens, bénis ce peuple
aux abois qui fait front à la meute boulimique
des puissants et des tortionnaires.
Et avec lui tous les peuples d'Europe, tous les peuples
d'Asie, tous les peuples d'Afrique et tous les peuples
d'Amérique.
Que suent sang et souffrances. Et au milieu de ces

millions de vagues,
vois les têtes houleuses de mon peuple.
Et donne à leurs mains chaudes qu'elles enlacent la terre
d'une ceinture de mains fraternelles.

*Léopold Sédar Senghor*

## L'homme qui te ressemble

J'ai frappé à ta porte
J'ai frappé à ton cœur
pour avoir bon lit
pour avoir bon feu
pourquoi me repousser ?
Ouvre-moi mon frère...!

Pourquoi me demander
si je suis d'Afrique
si je suis d'Amérique
si je suis d'Asie
si je suis d'Europe ?
Ouvre-moi mon frère...!

Pourquoi me demander
la longueur de mon nez
l'épaisseur de ma bouche
la couleur de ma peau
et le nom de mes dieux ?
Ouvre-moi mon frère...!

Je ne suis pas un noir
Je ne suis pas un rouge
Je ne suis pas un jaune
Je ne suis pas un blanc
mais je ne suis qu'un homme
Ouvre-moi mon frère...!

Ouvre-moi ta porte
Ouvre-moi ton cœur
Car je suis un homme
l'homme de tous les temps
l'homme de tous les cieux
l'homme qui te ressemble !...

*René Philombé*

## Chant de berger peul

Ohé, nuit joyeuse, tu apparais avant que le soleil ne pointe, brille, monte. Tu ternis puis éclipses sa lumière. Tant que tu dures, les veaux restent entravés et les plus jeunes d'entre eux restent couchés.
Ohé, nuit joyeuse, tu es une occasion pour faire résonner les tambours, frémir les flancs des Noirs.
Tu es mon moment préféré : temps où j'aime épauler ma lance et mon bâton de pâtre, pencher légèrement ma tête pour les empêcher de tomber, saisir et pincer les bandes de ma guitare.
Je m'enfonce par les petites pistes, je trottine vers les pâturages de nuit.
Ohé, nuit noire, par toi je vais dans la haute brousse y chanter pour toi un chant qui transporte.
J'étends mon vêtement sur une termitière. Mes bœufs qui ont franchi la haie du parc se disperseront dans les hautes herbes. Il n'y a ni mouches ni épis de mil, ni essaim d'insectes piqueurs.
Le vacarme du village s'est perdu dans le lointain, c'est alors qu'il devient agréable d'écouter la guitare.
La lune n'a pas apparu. Sa lueur n'a pas incendié le ciel, ni effacé la beauté des étoiles.
Mes bœufs grouillent et paissent.
Au-dessus de moi, les étoiles brillent, étincellent dans l'obscurité. Elles s'élancent dans l'espace, rayent le ciel et l'illuminent...

*Amadou Hampaté Bâ*

# Prières du bouddhisme

## Entre le ciel et la terre

Ainsi est le cœur de l'homme :
une pensée vient, une pensée va ;
comme les herbes et les bouts de bois,
les pensées qui vont en avant
et celles qui vont en arrière
ne se gênent pas mutuellement.

Au-dessus du ciel et en-dessous,
il n'y a pas de joie qui se répète.

Entre le ciel et la terre,
il n'y a qu'une demeure temporaire.

*Bouddha*

## Huitième discours

D'autres seraient violents, mais ne soyons pas violents.
D'autres détruiraient la vie, abstenons-nous de le faire.
Abstenons-nous de prendre ce qui n'est pas donné.
Soyons chastes.
Abstenons-nous du mensonge et de la médisance.
Abstenons-nous de paroles dures ou vaines.
D'autres auraient de l'avidité.
Soyons libres d'esprit méchant.
Ayons des vues justes, disons des paroles justes.
Ayons des pensées justes, des actions justes,
des moyens d'existence justes.
Faisons des efforts justes, ayons l'attention juste.
D'autres auraient la concentration mauvaise,
ayons la concentration juste, l'intelligence juste.
D'autres penseraient faussement être libérés,
soyons vraiment libérés.
Soyons libres de paresse et de torpeur,
soyons libres aussi d'agitation.
Soyons libres de doutes, de colère, de malveillance,
d'hypocrisie, de dénigrement, de jalousie, d'avarice,
de ruse, de tromperie, d'arrogance.
Soyons obéissants, fréquentons de bons amis.
Soyons libres d'indolence ; soyons confiants ;
ayons le sens de la honte et la crainte du mal.
Soyons bien instruits. Soyons énergiques.
Ayons l'attention toujours présente.
D'autres seraient insensés, ayons la sagesse.
Ainsi doit être pratiqué le déracinement.
D'autres seraient passionnément attachés à leurs propres

opinions sans vouloir les abandonner,
ne soyons pas attachés à nos propres opinions
sans vouloir les abandonner.
Ainsi doit être pratiqué le déracinement.

*Discours du Bouddha*

## Essayez de pratiquer ce que je dis

Ecoutez mes fidèles protecteurs ! Même les pêcheurs
Qui ignorent la grande puissance du karma
Rêvent d'atteindre la libération. La vie s'écoule
A mesure que les jours et les années passent
Cependant les gens gaspillent leur vie
A poursuivre les plaisirs. Ils demandent :
Ce mois-ci ou cette année seront-ils bons ?
Aveugles quant à la vitesse avec laquelle la vie se passe,
Les imbéciles posent des questions futiles.

Celui qui désire vraiment pratiquer le Dharma
Devrait faire des offrandes aux saints
Prendre refuge dans le Triple Joyau
Montrer du respect à ses propres parents
Faire l'aumône sans espoir de récompense.
Il devrait aider ceux qui sont dans le besoin
Il devrait vivre et agir
Suivant les principes du Dharma
Il n'y a pas besoin de grand-chose pour pratiquer
le bouddhisme
Trop de vœux conduisent à se tromper soi-même
Chers protecteurs, essayez de pratiquer ce que je dis.

*Milarepa*

# Sutra

Oui ! l'homme peut se sauver !
Alors, portez-vous au secours les uns des autres. Cherchez lucidement à rassembler toutes les racines de bien. Quoique vous ayez encore à patienter toute une vie dans la peine et la douleur, vous renaîtrez ensuite dans le pays de la vie infinie et votre bonheur n'aura pas de fin. Réunissant alors le savoir et les mérites qui découlent de la Voie, vous pourrez arracher les racines de la naissance et de la mort, et vous ne retournerez plus dans le désir, la colère et la sottise, ni dans les tribulations de la souffrance et des passions.
Si alors vous souhaitez avoir une vie se prolongeant pendant un âge, cent âges, mille, dix mille, cent mille âges, votre pensée ayant des propriétés de celle d'Ichvara, vous obtiendrez tout cela.
L'expérience de l'inconditionné vous étant naturelle, vous atteindrez la Voie du nirvana.
Il faut donc que chacun d'entre vous exprime résolument dans son cœur le vœu (d'aller renaître là-bas).

*Les fleurs de Bouddha*

## Celui qui calme la douleur

Les mains jointes, je supplie les Bouddhas de toutes les régions afin qu'ils allument le flambeau de la Loi pour tous ceux qui, étant égarés, tombent dans l'abîme de la douleur.

Ayant accompli tous les rites, en vertu du mérite que j'ai acquis, puissé-je devenir pour tous les êtres celui qui calme le douleur.

Toutes mes incarnations à venir, tous mes biens, tout mon mérite passé, présent, futur, je les abandonne avec indifférence pour que le but de tous les êtres soit atteint.

Puissé-je être le protecteur des abandonnés, le guide de ceux qui cheminent et, pour ceux qui désirent l'Autre Rive, être la barque, la chaussée, le pont ! Etre la lampe de ceux qui ont besoin de lampe, le lit de ceux qui ont besoin de lit, l'esclave de ceux qui ont besoin d'esclave, être la Pierre du miracle, la Plante qui guérit, l'Arbre des souhaits, la Vache du désir !

Aujourd'hui, en présence de tous les saints, je convie le monde à l'état de Bouddha et, en attendant, au bonheur. Que les Dieux, les Asouras et tous les autres se réjouissent !

*Cândidéra*

## Comme la lampe s'est éteinte

Quand ils ont labouré leurs champs
et semé des graines dans la terre,
quand ils prennent soin de leurs femmes
et de leurs enfants,
les jeunes brahmanes trouvent des richesses.

Mais j'ai tout fait correctement
et j'ai suivi la règle de mon maître.
Je ne suis ni paresseuse ni fière.
Pourquoi n'ai-je point trouvé la paix ?

En me lavant les pieds
je regardais l'eau du bain
couler le long de la pente.
Je concentrais mon esprit
comme un cheval noble.

Puis j'ai pris une lampe
et suis rentrée dans ma cellule,
j'ai vérifié mon lit,
et me suis assise dessus.
J'ai pris une aiguille
et j'ai appuyé sur la mèche.

Tout comme la lampe s'est éteinte,
mon esprit était libéré.

***Patacara***

# *Prières des catholiques et des protestants*

# Tu étais avec moi

Tard je t'ai aimée, beauté si ancienne et si nouvelle,
tard je t'ai aimée !
Mais toi, tu étais au-dedans de moi-même,
et j'étais moi, en dehors de moi-même.
Et c'était en dehors que je te cherchais.
Je me ruais, dans ma laideur,
sur la grâce de tes créatures.
Tu étais avec moi, et je n'étais pas avec toi,
retenu loin de toi par ces choses qui ne seraient point
si elles n'étaient pas en toi.
Tu m'a appelé et ton cri a forcé ma surdité,
tu as exhalé ton parfum, je l'ai respiré,
et voici qu'après toi je soupire.
Je t'ai goûté et j'ai faim de toi, soif de toi,
tu m'as touché et je brûle d'ardeur
pour la paix que tu donnes.

***Saint Augustin***

# Faites que je vous reconnaisse

Mon Dieu, il m'était doux, au milieu de l'effort, de sentir qu'en me développant moi-même, j'augmentais la prise que vous avez sur moi ; il m'était doux, encore, sous la poussée intérieure de la vie ou parmi le jeu favorable des événements, de m'abandonner à votre Providence. Faites qu'après avoir découvert la joie d'utiliser toute croissance pour vous faire, ou pour vous laisser grandir en moi, j'accède sans trouble à cette dernière phase de la communion au cours de laquelle je vous posséderai en diminuant en vous.

Après vous avoir aperçu comme Celui qui est un « plus moi-même », faites, mon heure étant venue, que je vous reconnaisse sous les espèces de chaque puissance, étrangère ou ennemie, qui semblera vouloir me détruire ou me supplanter. Lorsque sur mon corps (et bien plus sur mon esprit) commencera à marquer l'usure de l'âge ; quand fondra sur moi du dehors, ou naîtra en moi, du dedans, le mal qui amoindrit ou emporte ; à la minute douloureuse où je prendrai tout à coup conscience que je suis malade ou que je deviens vieux ; à ce moment dernier, surtout, où je sentirai que je m'échappe à moi-même, absolument passif aux mains des grandes forces inconnues qui m'ont formé ; à toutes ces heures sombres, donnez-moi, mon Dieu, de comprendre que c'est Vous (pourvu que ma foi soit assez grande) qui écartez douloureusement les fibres de mon être pour pénétrer jusqu'aux mœlles de ma substance, pour m'emporter en Vous.

Oui, au plus profond de ma chair, le mal est incrusté et incurable, plus ce peut être Vous que j'abrite comme un principe aimant, actif, d'épuration et de détachement. Plus l'avenir s'ouvre devant moi comme une crevasse vertigineuse ou un passage obscur, plus, si je m'y aventure sur votre parole, je puis avoir confiance de me perdre ou de m'abîmer en Vous, – d'être assimilé par votre Corps, Jésus.

Ô Energie de mon Seigneur, Force irrésistible et vivante, parce que de nous deux, Vous êtes le plus fort, infiniment, c'est à Vous que revient le rôle de me brûler dans l'union qui doit nous fondre ensemble. Donnez-moi donc quelque chose de plus précieux encore que la grâce pour laquelle vous prient tous vos fidèles. Ce n'est pas assez que je meure en communiant. Apprenez-moi à communier en mourant.

*Pierre Teilhard de Chardin*

# Cantique des créatures

Très-Haut, Tout-Puissant et bon Seigneur,
à toi les louanges, la gloire,
l'honneur et toute bénédiction.
A toi seul, Très-Haut, ils conviennent,
et nul homme n'est digne de te nommer.

Loué sois-tu, mon Seigneur,
avec toutes tes créatures,
spécialement messire frère Soleil
par qui tu nous donnes la lumière du jour.
Et lui, il est beau et rayonnant
avec grande splendeur :
de toi, il porte témoignage.

Loué sois-tu, mon Seigneur,
par sœur Lune et les étoiles dans le ciel :
tu les as formées claires, précieuses et belles.

Loué sois-tu, mon Seigneur, par frère Vent
et par l'air, les nuages, l'azur calme
et tous les temps :
par eux tu donnes soutien à toutes tes créatures.

Loué sois-tu, mon Seigneur, par sœur Eau
qui est très utile et humble, précieuse et chaste.

Loué sois-tu, mon Seigneur, par frère Feu,
par lequel tu illumines la nuit :
il est beau et joyeux, robuste et fort.

Loué sois-tu, mon Seigneur,
par sœur notre mère Terre
qui nous porte et nous nourrit,
qui produit la diversité des fruits
avec les fleurs colorées et les herbes.

Loué sois-tu, mon Seigneur,
pour ceux qui pardonnent pour l'amour de toi
et qui supportent les maladies et les épreuves.
Bienheureux ceux-là qui les supportent en paix,
car par toi, Très-Haut, ils seront couronnés !

Loué sois-tu, mon Seigneur,
par sœur notre Mort corporelle
à laquelle nul homme vivant ne peut échapper.

Louez et bénissez mon Seigneur,
rendez-lui grâce et servez-le en grande humilité !

***Saint François d'Assise***

# Tu es ici pour nous

Ô Vierge mère, fille de ton Fils,
humble et haute plus que toute créature,
terme fixé d'un éternel conseil,
tu es celle qui tant a ennobli
l'humaine nature de Celui qui la fit
n'a pas dédaigné être fait par elle.
En ton sein se ralluma l'amour
par l'ardeur duquel, dans l'éternelle paix,
ainsi a germé cette fleur céleste.
Tu es ici, pour nous, resplendissant flambeau
de charité, et en bas parmi les mortels
d'espérance tu es source vive.
Dame tu es si grande et si puissante !
qui veut une grâce et à toi ne recourt
il veut que son désir vole sans ailes.
Ta bienveillance non seulement secourt
qui demande, mais maintes fois
libéralement prévient la demande.
En toi miséricorde, en toi pitié,
en toi magnificience, en toi s'assemble
tout ce qu'il y a de bonté en créature.
Or celui-ci, qui du plus profond abîme
de l'univers jusques ici a vu
les vies des esprits une à une,
implore de toi, par grâce, vertu
telle qu'il puisse du regard s'élever
plus haut jusqu'à l'ultime salut.
Et moi qui jamais n'ai brûlé pour voir
plus que je ne fais pour qu'il voie, mes prières

toutes je t'offre, et prie qu'elles ne soient faibles,
pour que tu le libères de tous les nuages
de sa mortalité, par tes prières,
et que le plus haut amour à lui s'ouvre.
Encore je te prie, reine qui peux
ce que tu veux, que tu conserves sains
après une telle visions, ses désirs.

***Dante***

## Je meurs de ne pas mourir

Je vis, mais sans vivre en moi-même ;
J'attends une vie si haute
Que je meurs de ne pas mourir.

Je vis dejà hors de moi
Puisque je me meurs d'amour ;
Car je vis dans le Seigneur
Qui m'a voulue pour Lui.
Quand je lui donnai mon cœur,
Il mit en lui cette inscription :
Je me meurs de ne pas mourir.

Cette toute divine prison
De l'amour avec qui je vis
A fait de Dieu mon captif
Et rendu libre mon cœur.
Mais cela me fait tant pâtir
De voir Dieu mon prisonnier,
Que je meurs de ne pas mourir.

Las ! Que longue est cette vie !
Et comme ils sont durs ces exils ;
Cette prison, ces fers aussi,
Dans lesquels l'âme est enfermée.
L'espoir seulement d'en sortir
Me cause douleur si cruelle
Que je meurs de ne pas mourir.

Hélas ! Que la vie est amère,
Quand elle n'y jouit pas du Seigneur !
Et si l'amour lui-même est doux
Point ne l'est la longue espérance ;
Ôte-moi, mon Dieu, cette charge
Qui est plus lourde que l'acier,
Car je meurs de ne pas mourir.

Je vis mais par la seule confiance
Qu'un jour il me faudra mourir,
Parce qu'en mourant, c'est la vie
Que m'assure mon espérance.
Ô Mort, où l'on gagne la vie,
Ne tarde pas, toi que j'espère,
Car je meurs de ne pas mourir.

Vois comme l'amour est fort.
Ô Vie ne me sois pas à charge !
Vois, il ne me reste plus
Qu'à te perdre pour te gagner.
Que la douce mort vienne !
Qu'il vienne vite ce trépas,
Car je meurs de ne pas mourir.

Cette autre vie qui est de là-haut,
Est bien la véritable.
Jusqu'à ce que cette vie d'en-bas meure,
Etant vivante, point on n'en jouit.
Ô Mort ! Ne te dérobe pas.
Je vis en mourant plutôt,
Car je meurs de ne pas mourir.

Ô Vie que puis-je donner
A mon Dieu qui vit en moi
Si ce n'est de te perdre, toi,
Pour mériter de te gagner.
Je désire, en mourant, t'atteindre ;
Puisque j'aime tant mon aimé
Que je meurs de ne pas mourir.

*Sainte Thérèse d'Avila*

# Accorde-moi le repos

Seigneur Dieu, puisque tu as destiné la nuit au repos de l'homme comme tu as créé le jour pour son travail, je te demande d'accorder à mon corps une nuit de repos et de faire que mon âme s'élève vers toi et que mon cœur soit toujours rempli de ton amour.

Apprends-moi, ô Dieu, à te confier tous mes soucis et à me souvenir sans cesse de ta miséricorde afin que mon âme puisse, elle aussi, jouir du repos spirituel. Fais que mon repos ne soit pas excessif, mais qu'il serve à réparer mes forces pour que je sois plus disposé à te servir. Qu'il te plaise également de me conserver pur dans mon corps et dans mon esprit, me préservant de toute tentation et de tout danger afin que mon sommeil lui-même puisse servir à la gloire de ton nom.

Et puisque ce jour ne s'est point écoulé sans que je t'aie offensé en plusieurs manières, moi qui suis un pauvre pécheur, veuille, ô Dieu, de même que tu caches maintenant toutes les choses dans les ténèbres de la nuit, ensevelir aussi tous mes péchés, selon ta miséricorde, par Jésus-Christ mon Sauveur. Amen.

***Jean Calvin***

## Telle une frêle barque

Soulagé d'un pesant, d'un importun fardeau,
mon cher Seigneur, et détaché de ce bas monde,
telle une frêle barque, épuisé je me tourne
vers toi, douceur et calme après l'affreux orage.

Les épines, les clous, puis l'une et l'autre paumes
comme ton doux visage, humble et miséricordieux,
promettent à mon âme contristée la grâce
d'un profond repentir, que suivrait le salut.

Que tes saints yeux non plus que tes chastes oreilles
n'usent point de rigueur en pesant mon passé
et n'étends pas sur lui un bras justicier.

Que ton sang seul atteigne et lave mes péchés,
qu'il abonde, à mesure que croît mon grand âge,
en assistance prompte et pardon plénier.

*Michel-Ange*

## Espère en Dieu !

Comme une biche se tourne
vers les cours d'eau,
ainsi mon âme se tourne
vers toi, mon Dieu.
J'ai soif de Dieu,
du Dieu vivant :
Quand pourrai-je entrer
et paraître face à Dieu ?

Jour et nuit,
mes larmes sont mon pain,
quand on me dit tous les jours :
« Où est ton Dieu ? »
Je me laisse aller
à évoquer le temps
où je passais la barrière,
pour conduire jusqu'à la maison de Dieu,
parmi les cris de joie et de louange,
une multitude en fête.

Pourquoi te replier, mon âme,
et gémir sur moi ?
Espère en Dieu !
Oui je le célébrerai encore,
lui et sa face qui sauve.

Mon âme s'est repliée contre moi, ô mon Dieu,
c'est pourquoi je t'évoque
depuis le pays du Jourdain, des cimes de l'Hermon,
et du mont Micéar.

Les flots de l'abîme s'appellent l'un l'autre,
au fracas de tes cataractes.
En se brisant et en roulant,
toutes tes vagues ont passé sur moi.

Le jour, le Seigneur exerçait sa fidèlité ;
la nuit, je le chantais,
et je priais Dieu qui est ma vie.

Je veux dire à Dieu mon rocher :
« Pourquoi m'as-tu oublié ?
Pourquoi m'en aller lugubre
et pressé par l'ennemi ? »
Mes membres sont meurtris,
mes adversaires m'insultent
en me disant tous les jours :
« Où est ton Dieu ? »

Pourquoi te replier, mon âme,
pourquoi gémir sur moi ?
Espère en Dieu !
Oui, je le célébrerai encore,
lui, le salut de ma face et mon Dieu.

*Ancien Testament, Deuxième Livre, Psaume 42*

## Vois-tu l'âme humaine ?

Mon cœur est là,
Mon Dieu.
Perce-le de ton sceptre, Seigneur.
C'est un coing tardif
De l'automne.
Il est pourri.
Exile les squelettes
Des éperviers lyriques
Qui tant et tant le blessèrent.
Et si tu as un bec aussi,
Ôte-lui son écorce
D'ennui.
Si tu refuses,
Tant pis.
Reste avec ton ciel bleu,
Si insipide,
Le rigodon des astres
Et ton Infini.
Moi j'emprunterai
le cœur d'un ami.
Un cœur avec des rivières
Et des pins,
Et un rossignol de fer
Capable de résister
Au marteau
des siècles.

Et d'ailleurs, Satan m'aime bien.
Je l'eus pour compagnon

Dans une épreuve de
Luxure et le fripon
Ira chercher Marguerite
– Comme il me l'a promis –
Une brune Marguerite
Sur un fond de vieux oliviers
Avec deux tresses de nuit
D'été,
Pour que je déchire
Ses cuisses pures.
Alors, ô Seigneur,
Je serai riche
Au moins autant que toi,
car le vide
Ne peut se comparer
Au vin
Dont Satan régale
Ses bons amis.
Liqueur faite de larmes.
Tant pis !
Elle vaut bien
Celle que tu fais avec
Des trilles.

Dis-moi, Seigneur,
Mon Dieu !
Nous plonges-tu dans l'ombre
De l'abîme ?
Sommes-nous des oiseaux aveugles,
Sans nid ?

La lumière s'éteint.
(Et l'huile divine ?)
Les vagues agonisent.
As-tu voulu jouer
Avec nous aux petits
Soldats ?
Dis-moi, Seigneur,
Mon Dieu !
Notre douleur ne parvient-elle pas
A tes oreilles ?
Nos blasphèmes n'ont-ils pas fait
Des babel sans briques
Pour te blesser, ou aimes-tu
Les cris ?
Es-tu sourd ? ou aveugle ?
Ton esprit
Louche-t-il ?
Et vois-tu l'âme humaine
En couleurs inversées ?

Ô Seigneur somnolent !
Vois mon cœur
Froid
Comme un coing tardif
de l'automne
Et pourri !
Si ton jour doit venir,
Ouvre les yeux vivants.
Mais si tu continues
A dormir,
Viens, Satan vagabond,
Ô sanglant pèlerin,

Donne-moi une Marguerite
Brune parmi les oliviers
Avec des tresses de nuit
D'été.
Je saurai enflammer
Ses yeux pensifs
de mes baisers tachés
D'iris
Et par un soir aveugle,
J'entendrai, lyrique,
« Henri ! Henri ! »
Tandis que tous mes songes
S'empliront de rosée.
Voici, Seigneur, que je te laisse
Mon cœur de jadis.
Je vais en emprunter

Un autre, neuf, à un ami,
Cœur avec des rivières
Et des pins,
Cœur sans couleuvres
Et sans iris,
Robuste, avec la grâce
D'un jeune campagnard
Qui franchit le ruisseau
D'un saut.

*Federico Garcia Lorca*

## Que je ne cède pas au doute

Ô Dieu, je suis sûr que tu es vrai et que tu ne mens jamais. Permets que je demeure ferme dans la foi et que je ne cède pas au doute. Non pas parce que ma prière est bonne, mais parce que toi, tu es la vérité.

Ô Père, encourage et fortifie par ta sainte Parole l'homme faible que je suis. J'ai souvent de la peine à accepter ta volonté pour moi. Donne-moi la force, Père, d'être obéissant pour ne pas succomber à la tristesse.

Dieu tout-puissant, aide-nous à supporter en souriant le mal qu'on nous fait ; chasse de nous tout désir de revanche. Accorde-nous de ne pas rendre coup pour coup, mais de trouver notre joie dans ta volonté qui nous envoie ces épreuves, en sorte que nous soyons portés à te remercier et à te louer.

Dieu tout-puissant, rappelle-nous toujours que personne ne peut nous faire du mal, sans se nuire mille fois plus à tes yeux. Fais que nous soyons ainsi portés à pardonner plutôt qu'à frapper, à prendre en pitié plutôt qu'en haine.

Enseigne-nous, ô Père, à ne pas nous confiner en nous-même ou en nos belles entreprises, mais à tout attendre de ton infatigable bonté. Que la tristesse de vivre, souvent en désaccord avec ta volonté, ne nous submerge pas, mais plutôt que ta miséricorde s'étende à toute notre vie et la fertilise.

Ô mon Dieu, et mon Père, je suis déconcerté et bouleversé par le péché qui m'empoisonne la vie et qui m'empêche de mener une existence qui te plaise. Garde-moi, ô bon Père, et aide-moi. Accorde-moi de ne pas céder au mal.

Dieu tout-puissant, fais qu'aucun de nous ne recherche son propre avantage au détriment du bonheur de son prochain. Accorde-nous de rejeter toute haine et tout esprit de discorde, pour vivre ensemble comme de vrais enfants de Dieu, disant en parfaite amitié non pas « mon Père » mais « notre Père ».

*Martin Luther*

## Donnez-moi l'humour

Donnez-moi une bonne digestion, Seigneur,
et aussi quelque chose à digérer.
Donnez-moi la santé du corps avec le sens
de la garder au mieux.
Donnez-moi une âme sainte, Seigneur,
qui ait les yeux sur la beauté et la pureté,
afin qu'elle ne s'épouvante pas en voyant le péché,
mais sache redresser la situation.
Donnez-moi une âme qui ignore l'ennui,
le gémissement et le soupir.
Ne permettez pas que je me fasse trop de souci
pour cette chose encombrante que j'appelle Moi.
Seigneur, donnez-moi l'humour
pour que je tire quelque bonheur de cette vie
et en fasse profiter les autres.

***Saint Thomas More***

## Mettez la paix

Seigneur, bénissez la terre qui se voile ;
bénissez la ville et la banlieue,
les riches là-bas
pour qu'ils aient pitié,
les pauvres ici
pour qu'ils s'entr'aiment.
Surtout les pauvres, mon Dieu :
envoyez, vers le père qui rentre,
les enfants avec l'ange
qui les fait sourire ;
écartez les querelles entre les époux ;
mettez la paix entre les frères ;
rendez heureuse, pour tous,
la seule heure où ils sont ensemble,
les petits et les grands,
afin qu'aucun d'eux ne vous maudisse,
mais vous aime plutôt, Seigneur.

Je vous prie pour tous ceux qui ne vous
prieront pas, ce soir.
Je vous aime pour tous ceux qui ne vous
aiment pas encore.
Je vous donne ma vie pour que la leur
soit meilleure et moins dure.
Prenez-la, si cela vous plaît. Amen.

***René Bazin***

## Prière pour aller au Paradis avec les ânes

Lorsqu'il faudra aller vers vous, ô mon Dieu, faites
que ce soit par un jour où la campagne en fête
poudroiera. Je désire, ainsi que je fis ici-bas,
choisir un chemin pour aller, comme il me plaira,
au Paradis, où sont en plein jour les étoiles.
Je prendrai mon bâton et sur la grande route
j'irai, et je dirai aux ânes, mes amis :
Je suis Francis Jammes et je vais au Paradis,
car il n'y a pas d'enfer au pays du Bon Dieu.
Je leur dirai : « Venez, doux amis du ciel bleu,
pauvres bêtes chéries qui, d'un brusque mouvement
d'oreille,
chassez les mouches plates, les coups et les abeilles... »

Que je vous apparaisse au milieu de ces bêtes
que j'aime tant parce qu'elles baissent la tête
doucement, et s'arrêtent en joignant leurs petits pieds
d'une façon bien douce et qui vous fait pitié.
J'arriverai suivi de leurs milliers d'oreilles,
suivi de ceux qui portèrent au flanc des corbeilles,
de ceux traînant des voitures de saltimbanques
ou des voitures de plumeaux et de fer-blanc,
de ceux qui ont au dos des bidons bossués,
des ânesses pleines comme des outres, aux pas cassés,
de ceux à qui l'on met de petits pantalons
à cause des plaies bleues et suintantes que font
les mouches entêtées qui s'y groupent en ronds.
Mon Dieu, faites qu'avec ces ânes je Vous vienne.
Faites que, dans la paix, des anges nous conduisent

vers des ruisseaux touffus où tremblent des cerises
lisses comme la chair qui rit des jeunes filles,
et faites que, penché dans ce séjour des âmes,
sur vos divines eaux, je sois pareil aux ânes
qui mireront leur humble et douce pauvreté
à la limpidité de l'amour éternel.

*Francis Jammes*

# Prière pour les animaux

Entends notre humble prière, ô Dieu,
pour nos amis les animaux,
spécialement pour ceux qui souffrent ;
pour ceux qui sont chassés, perdus,
abandonnés, effrayés ou affamés ;
pour ceux qui doivent être mis à mort.

Nous implorons pour eux ta miséricorde et ta pitié.
A ceux qui sont en contact avec eux,
donne un cœur compatissant, des mains attentionnées
et des mots d'affection.
Fais de nous de vrais amis des animaux
de sorte que nous puissions partager avec eux
la bénédiction de la grâce.

*Albert Schweitzer*

## Vous m'avez blessé d'amour

Ô mon Dieu, vous m'avez blessé d'amour
Et la blessure est encore vibrante,
Ô mon Dieu, vous m'avez blessé d'amour.

Ô mon Dieu, votre crainte m'a frappé
Et la brûlure est encore là qui tonne,
Ô mon Dieu, votre crainte m'a frappé.

Ô mon Dieu, j'ai connu que tout est vil
Et votre gloire en moi s'est installée,
Ô mon Dieu, j'ai connu que tout est vil.

Noyez mon âme aux flots de votre Vin,
Fondez ma vie au Pain de votre table,
Noyez mon âme aux flots de votre Vin.

Voici mon sang que je n'ai pas versé,
Voici ma chair indigne de souffrance,
Voici mon sang que je n'ai pas versé.

Voici mon front qui n'a pu que rougir,
Pour l'escabeau de vos pieds adorables,
Voici mon front qui n'a pu que rougir.

Voici mes mains qui n'ont pas travaillé,
Pour les charbons ardents et l'encens rare,
Voici mes mains qui n'ont pas travaillé.

Voici mon cœur qui n'a battu qu'en vain,
Pour palpiter aux ronces du Calvaire,
Voici mon cœur qui n'a battu qu'en vain.

Voici mes pieds, frivoles voyageurs,
Pour accourir au cri de votre grâce,
Voici mes pieds, frivoles voyageurs. [...]

Voici mes yeux, luminaires d'erreur,
Pour être éteints aux pleurs de la prière,
Voici mes yeux, luminaires d'erreur.

Hélas ! Vous, Dieu d'offrande et de pardon,
Quel est le puits de mon ingratitude,
Hélas ! Vous, Dieu d'offrande et de pardon.

Dieu de terreur et Dieu de sainteté,
Hélas ! ce noir abîme de mon crime,
Dieu de terreur et Dieu de sainteté,

Vous, Dieu de paix, de joie et de bonheur,
Toutes mes peurs, toutes mes ignorances,
Vous, Dieu de paix, de joie et de bonheur,

Vous connaissez tout cela, tout cela,
Et que je suis plus pauvre que personne,
Vous connaissez tout cela, tout cela,

Mais ce que j'ai, mon Dieu, je vous le donne.

*Paul Verlaine*

# Je vous salue, Marie

*Annonciation.*

Par l'arc-en-ciel sur l'averse des roses blanches,
par le jeune frisson qui court de branche en branche
et qui a fait fleurir la tige de Jessé ;
par les Annonciations riant dans les rosées
et par les cils baissés des graves fiancées :
    Je vous salue, Marie.

*Visitation.*

Par l'exaltation de votre humilité
et par la joie du cœur des humbles visités ;
par le Magnificat qu'entonnent mille nids,
par les lys de vos bras joints vers le Saint-Esprit
et par Élisabeth, treille où frémit un fruit :
    Je vous salue, Marie.

*Nativité.*

Par l'âne et par le bœuf, par l'ombre et par la paille,
par la pauvresse à qui l'on dit qu'elle s'en aille,
par les nativités qui n'eurent sur leurs tombes
que les bouquets de givre aux plumes de colombes ;
par la vertu qui lutte et celle qui succombe :
    Je vous salue, Marie.

*Purification.*

Par votre modestie offrant des tourterelles,
par le vieux Siméon pleurant devant l'autel,
par la prophétesse Anne et par votre mère Anne,
par l'obscur charpentier qui, courbé sur sa canne,
suivait avec douceur les petits pas de l'âne :
Je vous salue, Marie.

*Invention de Notre-Seigneur au Temple.*

Par la mère apprenant que son fils est guéri,
par l'oiseau rappelant l'oiseau tombé du nid,
par l'herbe qui a soif et recueille l'ondée,
par le baiser perdu, par l'amour redonné,
et par le mendiant retrouvant sa monnaie :
Je vous salue, Marie.

*Agonie.*

Par le petit garçon qui meurt près de sa mère
tandis que des enfants s'amusent au parterre ;
et par l'oiseau blessé qui ne sait pas comment
son aile tout à coup s'ensanglante et descend ;
par la soif et la faim et le délire ardent :
Je vous salue, Marie.

*Flagellation.*

Par les gosses battus par l'ivrogne qui rentre,
par l'âne qui reçoit des coups de pied au ventre,
par l'humiliation de l'innocent châtié,

par la vierge vendue qu'on a déshabillée,
par le fils dont la mère a été insultée :
Je vous salue, Marie.

*Couronnement d'épines.*

Par le mendiant qui n'eut jamais d'autre couronne
que le vol des frelons, amis des vergers jaunes,
et d'autre sceptre qu'un bâton contre les chiens ;
par le poète dont saigne le front qui ceint
des ronces des désirs que jamais il n'atteint :
Je vous salue, Marie.

*Portement de Croix.*

Par la vieille qui, trébuchant sous trop de poids,
s'écrie « Mon Dieu ! » Par le malheureux dont les bras
ne purent s'appuyer sur une amour humaine
comme la Croix du Fils sur Simon de Cyrène ;
par le cheval tombé sous le chariot qu'il traîne :
Je vous salue, Marie.

*Crucifiement.*

Par les quatre horizons qui crucifient le monde,
pour tous ceux dont la chair se déchire ou succombe,
par ceux qui sont sans pieds, par ceux qui sont sans mains,
par le malade que l'on opère et qui geint
et par le juste mis au rang des assassins :
Je vous salue, Marie.

*Résurrection.*

Par la nuit qui s'en va et nous fait voir encore
l'églantine qui rit sur le cœur de l'aurore ;
par la cloche pascale à la voix en allée
et qui, le Samedi saint, à toute volée,
couvre d'alléluias la bouche des vallées :
Je vous salue, Marie.

*Ascension.*

Par le gravissement escarpé de l'ermite
vers les sommets que les perdrix blanches habitent,
par les troupeaux escaladant l'aube du ciel pour ne se
nourrir plus que de neige de miel,
et par l'Ascension du glorieux soleil :
Je vous salue, Marie.

*Pentecôte.*

Par les feux pastoraux qui descendent, la nuit,
sur le front des coteaux, ces apôtres qui prient ;
par la flamme qui cuit le souper noir du pauvre ;
par l'éclair dont l'Esprit allume comme un chaume,
mais pour l'Éternité, le néant de chaque homme :
Je vous salue, Marie.

*Assomption.*

Par la vieille qui atteint, portant un faix de bois,
le sommet de la route et l'ombre de la Croix,
et que son plus beau fils vient aider dans sa peine ;

par la colombe dont le vol à la lumière
se fond si bien qu'il n'est bientôt qu'une prière :
    Je vous salue, Marie.

*Couronnement de la Sainte Vierge.*

Par la Reine qui n'eut jamais d'autre Couronne
que les astres, trésor d'une ineffable Aumône,
et d'autre sceptre que le lys d'un vieux jardin ;
par la vierge dont penche le front qui est ceint
des roses des désirs que son amour atteint :
    Je vous salue, Marie.

***Francis Jammes***

# Heureux…

Heureux les pauvres de cœur :
le royaume des cieux est à eux.

Heureux les doux :
ils auront la terre en partage.

Heureux ceux qui pleurent :
ils seront consolés.

Heureux ceux qui ont faim et soif de justice :
ils seront rassasiés.

Heureux les miséricordieux :
il leur sera fait miséricorde.

Heureux les cœurs purs :
ils verront Dieu.

Heureux ceux qui font œuvre de paix :
ils seront appelés fils de Dieu.

***Saint Matthieu***

# *Prières russes et orthodoxes*

# Symbole de la foi

Je crois en un seul Dieu, le Père Tout-Puissant, Créateur du ciel et de la terre, de tout ce qui est visible et invisible. Et en un seul Seigneur, Jésus Christ, le Fils unique de Dieu, né du Père avant tous les siècles, lumière de lumière, vrai Dieu de vrai Dieu, qui a été engendré, n'a pas été créé, consubstantiel au Père, par qui tout a été fait, qui est descendu des cieux pour nous les hommes et pour notre salut ; qui s'est incarné de l'Esprit-Saint et de la Vierge Marie, et s'est fait homme ; qui a été crucifié pour nous sous Ponce Pilate, a souffert et a été enseveli ; qui est ressuscité le troisième jour selon les Ecritures, est monté aux cieux, et siège à la droite du Père, et reviendra dans la gloire juger les vivants et les morts, et son règne n'aura pas de fin. Je crois au Saint-Esprit qui est seigneur ; qui donne la vie ; qui procède du père ; qui est adoré et glorifié avec le Père et le Fils ; qui a parlé par les Prophètes. Je crois en l'Eglise une, sainte, catholique et apostolique. Je confesse un seul baptême pour la rémission des péchés. J'attends la résurrection des morts et la vie du siècle à venir.
Amen.

Il est digne en vérité de te célébrer, Mère de Dieu, bienheureuse et très pure Mère de notre Dieu. Toi plus vénérable que les Chérubins, et plus glorieuse incomparablement que les Séraphins, toi qui sans tache enfantas Dieu le Verbe, toi véritablement Mère de Dieu, nous t'exaltons.

Saint Dieu, Saint Fort, Saint Immortel, aie pitié de nous.
Saint Dieu, Saint Fort, Saint Immortel, aie pitié de nous.

Saint Dieu, Saint Fort, Saint Immortel, aie pitié de nous.

Gloire au Père et au Fils et au Saint-Esprit. Et maintenant et toujours et dans les siècles des siècles.
Amen.

Toute Sainte Trinité, aie pitié de nous. Seigneur, purifie-nous de nos péchés. Maître, pardonne-nous nos iniquités. Saint, visite-nous et guéris nos infirmités, pour l'amour de ton nom.
Seigneur, aie pitié.
Seigneur, aie pitié.
Seigneur, aie pitié.

Gloire au Père et au Fils et au Saint-Esprit. Et maintenant et toujours et dans les siècles des siècles.
Amen.

Notre Père qui es aux cieux, que ton nom soit sanctifié, que ton règne vienne, que ta volonté soit faite sur la terre comme au ciel. Donne-nous aujourd'hui notre pain de ce jour. Pardonne-nous nos offenses comme nous les pardonnons à ceux qui nous ont offensés. Et ne nous soumets pas à la tentation. Mais délivre-nous du mal.

Dieu de nos pères, qui agis toujours avec nous selon ta douceur, ne détourne pas de nous ton amour, mais par leurs prières dirige nos vies dans la paix.

L'Eglise parée, comme de pourpre et de lin, du sang de tes martyrs dans le monde entier, par eux T'appelle, Christ Dieu. Envoie à ton peuple tes compassions, donne à ceux que tu diriges ta paix, et à nos âmes ton grand amour. Gloire au Père et au Fils et au Saint-Esprit.

Avec les saints, Christ, donne aux âmes de tes serviteurs le repos, là où il n'y a plus ni peine, ni tristesse, ni gémissement, mais la vie infinie.
Et maintenant et toujours et dans les siècles des siècles. Amen.

Seigneur, par l'intercession de tous les saints et de la Mère de Dieu, donne-nous ta paix et aie pitié de nous, seul Compatissant.

*Prière de l'Eglise orthodoxe*

## Alors, j'irai vers toi

Toi dont la force est sans égale,
Prends pitié, ne m'accuse pas
Si j'aime la nuit sépulcrale
Et les passions d'ici-bas,
Si je ne bois pas à la source
Où jaillit ton verbe naissant,
Si mon esprit erre en sa course
Au loin de toi, seul, impuissant,
Si dans ma poitrine bouillonnent
Les flots de l'inspiration,
Si les cruels tourments sillonnent
Mes yeux, voilant ma vision,
Si je suis à l'étroit sur terre,
Si je crains d'approcher, Seigneur,
Si dans mon chant rien moins qu'austère
Je ne suis pas ton serviteur.

Mais éteins ce brasier magique
Dont la flamme a tout consumé,
Change en pierre mon cœur unique,
Retiens mon regard affamé ;
Seigneur, du chant qu'on me délivre
Et de son empire absolu,
Alors, j'irai vers toi pour suivre
La voie étroite du salut.

*Mikhaïl Lermontov*

# Prière du Métropolite Philarète de Moscou

Seigneur ! je ne sais que Te demander…
Tu es seul à savoir ce qui m'est nécessaire.
Tu m'aimes davantage que je ne puis m'aimer moi-même.
Accorde-moi, à moi Ton serviteur,
de voir ce que je suis incapable
de demander par moi-même.
Je n'ose demander ni la croix, ni la consolation.
Je me tiens seulement devant Toi.
Mon cœur T'est ouvert.
Tu vois les besoins que j'ignore.
Vois et agis selon Ta miséricorde.
Frappe-moi et guéris-moi. Terrasse-moi et relève-moi.
Je révère Ta volonté, et je me tais devant Toi,
devant Ta volonté sainte,
devant Tes arrêts impénétrables.
Je me donne à Toi entièrement.
Il n'y a en moi ni volonté ni désir,
si ce n'est le désir d'accomplir Ta volonté.
Enseigne-moi à prier.
Prie Toi-même au-dedans de moi.

# Sois le guide de mes pensées

Seigneur, accorde-moi de recevoir avec sérénité
tout ce que m'apportera ce jour présent.
Aide-moi à me confier entièrement à Ta Sainte Volonté.
A chaque instant de ce jour, instruis-moi en tout
et soutiens-moi.
Quelles que soient les nouvelles que je recevrai dans le
courant de cette journée, apprends-moi à les recevoir
avec une âme paisible et la ferme conviction
que tout est selon Ta Sainte Volonté.
Sois le guide de mes pensées et de mes sentiments dans
toutes mes actions et dans toutes mes paroles.
Dans toutes circonstances imprévisibles,
aide-moi à ne pas oublier que tout est dispensé par Toi.
Apprends-moi à me comporter d'une manière juste
et raisonnable avec chaque membre de ma famille,
n'attristant personne et ne troublant aucun.
Seigneur, donne-moi la force de résister à toute fatigue,
et à tous les événements durant cette journée.
Guide ma volonté et apprends-moi à prier,
à espérer, à croire, à aimer, à supporter
et à pardonner.

# La certitude claire que Tu existes

Qu'il m'est facile de vivre avec Toi, Seigneur !
Qu'il m'est facile de croire en Toi !
Quand dans la perplexité mon esprit
se dérobe ou défaille,
et que les plus intelligents ne voient pas
plus loin que ce soir et ne savent
ce que demain il faudra faire,
d'en haut Tu m'envoies la certitude claire
que Tu existes et que Tu veilles à ce que
toutes les voies du Bien
ne soient pas fermées.
Sur la crête de la gloire terrestre,
je jette un regard étonné sur le chemin qui,
à travers le désespoir, m'a conduit ici,
à ce point d'où j'ai pu moi aussi envoyer
à tous les hommes le reflet de Tes rayons.
Et s'il faut que je les reflète encore,
Tu me l'accorderas.

Mais si le temps me manque, c'est
qu'à d'autres Tu l'auras assigné.

*Alexandre Soljenitsyne*

# Prière du soldat inconnu

M'entends-tu, mon Dieu ?
Jamais de ma vie je ne t'ai parlé,
mais aujourd'hui je veux te saluer.
Tu sais que depuis ma plus tendre enfance
on m'a dit que tu n'existais pas,
et moi, j'étais si bête que je l'ai cru.
Jamais je n'avais eu conscience de la beauté
de ta création.
Aujourd'hui, soudain, en voyant les profondeurs
de l'immensité, ce ciel étoilé au-dessus de moi,
mes yeux se sont ouverts.
Emerveillé, j'ai compris sa lumière.
Comment ai-je pu être si cruellement trompé ?
Je ne sais pas Seigneur, si tu me tends la main,
mais je te confie ce miracle et tu comprendras :
au fond de ce terrible enfer, la lumière a jailli en moi
et je t'ai vu.
Je ne te dirai rien de plus,
seulement la joie de te connaître.
A minuit, nous devons passer à l'attaque,
mais je n'ai pas peur, tu nous regardes.
Ecoute ! c'est le signal. Que faire ?
J'étais si bien avec toi.
Je veux te dire encore ceci :
Tu sais que le combat sera mauvais.
Peut-être que cette nuit, je frapperai chez toi.
Bien que je n'aie jamais été ton ami,
me permettras-tu d'entrer quand j'arriverai ?
Mais je ne pleure pas, tu vois ce qui m'arrive,

mes yeux se sont ouverts.
Pardonne-moi, Dieu.
Je pars et ne reviendrai sûrement pas,
mais quel miracle !
Je n'ai plus peur de la mort !

*Prière trouvée dans la poche d'un soldat inconnu mort pendant la Seconde Guerre mondiale.*

# *Prières de l'hindouisme*

# Dans l'univers en mouvement

Puisse le Seigneur revêtir
toutes choses ici-bas,
tout ce qui se meut
dans l'univers en mouvement !

Et toi, contente-toi
de ce qu'Il t'abandonne !
Ne jalouse le bien
de qui que ce soit d'autre !

Et certes si, en ce bas monde,
tu fais les actes rituels,
désirant à bon droit
vivre les cent ans de ta vie,

Cela en fait ne change rien
à ton état profond
car les actes n'affectent pas
l'essence de ton être.

Il est des mondes sans soleil
tout couverts d'aveugle ténèbre :
après mourir s'y rendent
tous ceux qui ont tué leur âme.

*Les Upanishads*

# L'âme est dans tous les êtres

Et celui qui discerne
que tous les êtres sont dans l'Ame
et que l'Ame est dans tous les êtres,
celui-là ne s'en détache plus.

Oui, s'il perçoit qu'en lui
l'Ame est devenue tous les êtres,
comment pourrait-il s'angoisser ?
Et comment pourrait-il souffrir
s'il discerne en lui l'Unité ?

L'Ame circonscrit toutes choses ;
elle est lumineuse et sans corps ;
on ne peut la blesser
puisqu'elle n'est ni chair ni os ;
on ne peut non plus la souiller
puisque le mal ne l'atteint pas.
C'est Elle le Voyant, le Sage,
le Seigneur, le dieu souverain
qui dispose les éléments
comme il convient à chacun d'eux
pour la suite des temps.

*Les Upanishads*

# Je suis Shiva

Je ne suis ni l'esprit ni l'intellect ni la pensée
ni le sens du moi.
Je ne suis ni l'ouïe ni le goût ni l'odorat ni la vue.
Je ne suis ni l'espace ni la terre ni le feu ni l'air.
Je suis Intelligence et Félicité pures.
Je suis Shiva, je suis Shiva.

Je ne suis pas le souffle vital ni les cinq vents.
Je ne suis ni les sept composantes du corps
ni les cinq fourreaux.
Je ne suis pas les cinq organes d'action.
Je suis Intelligence et Félicité pures.
Je suis Shiva, je suis Shiva.

Je ne possède aucune aversion, aucune attirance,
nulle avidité, nul égarement.
Je n'éprouve ni orgueil ni envie.
Je n'ai pas d'obligations, pas d'interêts, pas de désirs,
pas d'affranchissement à souhaiter.
Je suis Intelligence et Félicité pures.
Je suis Shiva, je suis Shiva.

Pour moi n'existent ni les bonnes actions
ni les souillures ni le plaisir ni la souffrance.
Point non plus n'existent les incantations rituelles,
les lieux saints, les Veda ou l'acte sacrificiel.
Je ne suis ni la jouissance ni ce dont on peut jouir
ni non plus l'agent de la jouissance.
Je suis intelligence et Félicité pures.
Je suis shiva, je suis Shiva.

Je ne connais ni la mort ni le doute
ni les distinctions de caste.
Point de père ni de mère.
Je n'ai jamais pris naissance.
Je n'ai aucun ami, aucun parent, point de maître,
point de disciple.
Je suis Intelligence et Félicité pures.
Je suis Shiva, je suis Shiva.

Je suis sans déterminant, sans forme.
Par mon ubiquité, je ne suis pas sans relation
avec tous les organes des sens.
Je ne connais ni l'affranchissement ni la servitude.
Je suis Intelligence et Félicité pures.
Je suis Shiva, je suis Shiva.

***Shankara***

## Afin de demeurer toujours dans la paix

Le firmament est ton marchepied.
Tu as pour lampes le soleil et la lune.
La voie lactée est faite de perles éparpillées.
Les forêts de santal te servent d'encens.
Les brises agitent ton éventail royal.
Les fleurs des forêts
Ne sont que des offrandes à tes pieds.
Ô destructeur de toute inquiétude,
Que ce culte est merveilleux à la lumière des lampes.
Les cordes de luth que nul ne touche font
Résonner la musique de ton temple.
Tes yeux se comptent par milliers,
Et cependant tu n'as pas d'yeux.
Tu revêts des milliers de formes,
Et cependant tu n'as pas de forme.
Tes pieds immaculés se comptent par milliers,
Et cependant tu n'as pas de pied.
Tes narines sont innombrables,
Pourtant tu n'as pas de narine.
C'est toi qui joues dans tout ce qui m'entrave
et m'enchante.
Il n'est pas de cœur où ne brille une lumière,
Et cette lumière c'est toi.
Toute âme est illuminée par la lumière qui n'est autre
Que Dieu lui-même,
Mais cette lumière divine se manifeste uniquement,
grâce à l'enseignement du Guru.
Le culte auquel tu prends plaisir, Seigneur,
C'est le véritable arti (l'adoration à la lumière des lampes).

Ô Seigneur, mon âme aspire à trouver tes pieds de lotus,
Comme l'abeille aspire au nectare des fleurs.
Nuit et jour j'ai soif de toi Seigneur,
Accorde à Nanak les eaux de ta grâce,
Il est semblable au coucou qui ne boit
que des gouttes de pluie
Afin de demeurer toujours
dans la paix de ton nom.

*Nanak*

## Donne-moi la simplicité

Ô Seigneur ! Je suis fatigué de tant d'intelligence !

Ôte-moi le pouvoir de raisonner
avec des mots habiles,
cette connaissance et cette logique
gaspillées en débats inutiles.
Ôte-moi l'aisance dans la bonne conduite
ce vernis de culture du monde moderne.

Ôte-moi l'arrogance,
et s'il te plaît, Seigneur (Hari),
ôte-moi la connaissance et la richesse.
Ôte-moi la crainte des sanctions
liées à l'étiquette sociale
et donne-moi la simplicité.

Je ne veux ni bhoga (plaisir), ou yoga.
Je ne veux ni honneur ni prestige.
Seigneur, donne-moi le visage innocent du villageois,
le calme et la sérénité du brin d'herbe.
Donne-moi l'humilité et la pureté.
Donne-moi l'aptitude à vivre sans égoïsme.

Donne-moi Ton amour !
Empli mon cœur de foi et de bhakti (dévotion) pour Toi !
Emporte mon nom illusoire, cette idée de moi-même
qui me maintient séparé de Toi,
et noie-le dans l'océan de l'amour.

*Poème du saint-tisserand Kabîr*

## Envoie-moi l'amour

Loin de moi cet amour qui ne connaît point de mesure ;
car, pareil au vin écumant qui a rompu ses vaisseaux,
il court à sa perte en un instant.

Envoie-moi l'amour, frais et pur comme la pluie,
qui bénit la terre altérée et remplit les jarres d'argile
de la maison.

Envoie-moi l'amour qui voudrait s'abîmer
jusqu'au fond de l'être,
et de là jaillir en une sève invisible,
à travers les branches de l'arbre de vie,
donnant le jour aux fruits et aux fleurs.

Envoie-moi l'amour qui retient le cœur
dans une plénitude de paix.

*Rabindranath Tagore*

# *Prières des Indiens*

## Prière ojibwa

Ô Grand Esprit, dont j'entends la voix dans les vents et dont le souffle donne vie à toutes choses, écoute-moi. Je viens vers toi comme l'un de tes nombreux enfants ; je suis faible... je suis petit... j'ai besoin de ta sagesse et de ta force.

Laisse-moi marcher dans la beauté, et fais que mes yeux aperçoivent toujours les rouges et pourpres couchers de soleil.

Fais que mes mains respectent les choses que tu as crées, et rends mes oreilles fines pour qu'elles puissent entendre ta voix.

Fais-moi sage, de sorte que je puisse comprendre ce que tu as enseigné à mon peuple et les leçons que tu as cachées dans chaque feuille et chaque rocher.

Je te demande force et sagesse, non pour être supérieur à mes frères, mais afin d'être capable de combattre mon plus grand ennemi, moi-même.

Fais que je sois toujours prêt à me présenter devant toi avec des mains propres et un regard droit.

Ainsi, lorsque ma vie s'éteindra comme s'éteint un coucher de soleil, mon esprit pourra venir à toi sans honte.

## Prière iroquoise

Nous rendons grâces à notre mère, la terre, qui nous soutient. Nous rendons grâces aux rivières et aux ruisseaux qui nous donnent l'eau. Nous rendons grâces à toutes les plantes qui nous donnent les remèdes contre nos maladies. Nous rendons grâces au maïs et à ses sœurs les fèves et les courges, qui nous donnent la vie.

Nous rendons grâces aux haies et aux arbres qui nous donnent leurs fruits. Nous rendons grâces au vent qui remue l'air et chasse les maladies. Nous rendons grâces à la lune et aux étoiles qui nous ont donné leur clarté après le départ du soleil.

Nous rendons grâces à notre grand-père Hé-No, pour avoir protégé ses petits enfants des sorcières et des reptiles, et nous avoir donné sa pluie. Nous rendons grâces au soleil qui a regardé la terre d'un œil bienfaisant.

Enfin, nous rendons grâces au grand Esprit en qui s'incarne toute bonté et qui mène toutes choses pour le bien de ses enfants.

# Nakasuk

Toi toi le caribou
Oui toi aux longues jambes
Oui toi aux longues oreilles
A la crinière abondante
Vu de loin tu es aussi petit qu'un pou
Viens vole vers moi comme un cygne
Viens viens grand caribou

Imprime la trace de tes pieds sur cette terre
Cette terre où je t'attends
Est riche en herbe que tu aimes
Regarde je la tiens dans ma main
L'herbe dont tu rêves
Elle est si tendre si tendre
Viens viens grand caribou

Allez viens remue-toi
Remue les os de tes jambes
Viens t'offrir à moi
je suis là je t'attends
je suis là pour toi
Pour toi seul caribou
Allez viens

*Prière pour la chasse*

# Prière Osage

Le Peuple a un calumet
Dont il a fait son corps
J'ai un calumet dont j'ai fait mon corps
Si tu en fais ton corps toi aussi
Tu seras affranchi de tout ce qui est la mort
Regarde la jointure du cou
J'en ai fait la jointure de mon propre cou
Regarde la bouche du calumet
J'en ai fait ma propre bouche
Regarde le côté droit du calumet
J'en ai fait le côté droit de mon corps
Regarde le côté gauche du calumet
J'en ai fait le côté gauche de mon corps
Regarde le dos du calumet
J'en ai fait mon propre dos
Regarde la cavité du calumet
J'en ai fait le creux de mon propre corps
Regarde ce qui tient ensemble le tuyau et le fourneau
J'en ai fait ma trachée artère
Offre une pipe dans tes prières
Et tes vœux seront exaucés

# *Prières d'Islam*

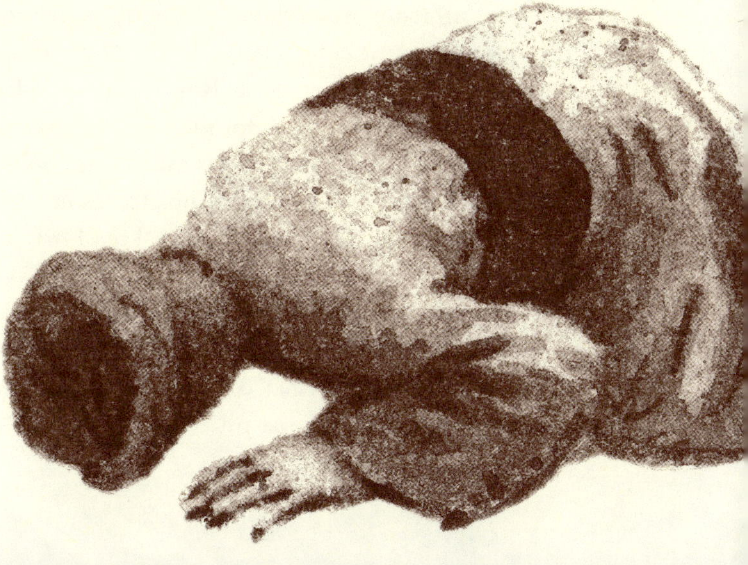

## Mon Dieu, ne sois pas contre nous

Mon Dieu, je te demande une grâce totale, une protection constante, une miséricorde complète, une santé effective, une vie large, une existence heureuse, des bienfaits extrêmes, des faveurs en tous domaines, des marques de la plus délicate générosité et de la bonté la plus directe.

Mon Dieu, sois avec nous et ne sois pas contre nous. Mon Dieu, termine par le bonheur nos vies ; réalise largement nos espoirs ; joins par la santé nos marins à nos soirs ; dirige notre fin vers Ta miséricorde ; déverse l'abondance de Ton pardon sur nos fautes ; accorde-nous la faveur de nous corriger de nos défauts ; fais de la piété notre viatique ; dirige vers Ta religion notre effort, mets en Toi notre confiance et sois notre constant appui.

Mon Dieu, affermis-nous dans la voie de la droiture ; éloigne-nous pendant cette vie de ce qui pourrait causer notre repentir, au jour de la Résurrection ; allège-nous du poids des péchés ; donne-nous le pain des Justes ; écarte de nous la malice des méchants ; délivre-nous, ainsi que nos pères et mères, nos frères et sœurs, du feu de l'Enfer par Ta miséricorde, ô Très Fort, Très Miséricordieux, Généreux et Protecteur ; ô Très Savant et Très Puissant, ô mon Dieu, ô mon Dieu, par Ta Miséricorde, ô Toi le plus Miséricordieux des miséricordieux, l'alpha et l'oméga ; ô Toi, Possesseur de la plus grande puissance, qui as pitié des pauvres et des déshérités, et le Très Miséricordieux ; il n'y a pas d'autre Dieu que Toi, Gloire à Toi, j'ai été du nombre des injustes ; et bénédiction de Dieu sur notre Seigneur Muhammad, sa famille et tous ses compagnons, et louange à Dieu, Maître des Mondes.

***Abu Amid Al-Ghazali***

# Voilà ce que je te demande

Voilà ce que je te demande, Seigneur
– réponds-moi bien :
Qui a été, à la naissance, le père premier de la Justice ?
Qui a assigné leur chemin au soleil et aux étoiles ?
Qui est celui, si ce n'est toi, par qui la lune croît et décroît ?
Qui a fixé la terre en bas, et le ciel des nuées,
qu'il ne tombe ?
Qui a fixé les eaux et les plantes ?
Qui a attelé au vent et aux nuages les deux coursiers ?
Qui est, Ô Sage, le créateur de la bonne Pensée ?
Quel artiste a fait la lumière et les ténèbres ?
Quel artiste le sommeil et la veille ?
Lequel a fait le matin, le midi et le soir ?
Pour indiquer à l'intelligence sa tâche ?

Voilà ce que je demande, Seigneur
– réponds-moi bien :
Si les choses sont telles que je veux les proclamer ?
Est-ce que la Dévotion secondera par ses actes
la Justice ?
Est-ce que en tant que bonne Pensée
que tu as institué ton Empire ?
Pour quels hommes as-tu façonné la vache-mère,
source de bonheur ?

***Yasna 44***

## La Fathia

Au nom de Dieu :
celui qui fait miséricorde,
le Miséricordieux.

Louange à Dieu,
Seigneur des mondes :
celui qui fait miséricorde,
le Miséricordieux,
le Roi du Jour du Jugement.

C'est toi que nous adorons,
c'est toi
dont nous implorons le secours.

Dirige-nous dans le chemin droit :
le chemin de ceux que tu as comblés de bienfaits ;
non pas le chemin de ceux qui encourent ta colère
ni celui des égarés.

***Sourate I***

## Parfois…

Parfois je tombe dans les mers,
vague furieuse je déborde
Je tombe aux mains des ignorants
qui m'achètent à bas prix

Parfois je monte vers les cieux
et je deviens la roue du destin
Parfois je m'enfle avec la lune,
parfois je tourne avec le soleil

Parfois je monte à l'Arafat,
je dis « Me voici », je me découvre
Parfois je remplace la victime,
bélier, je me laisse immoler

Parfois soufi dans le couvent
parfois pécheur dans la taverne
Parfois danseur dans la ronde je tourne,
parfois saz (luth) dont on joue

Parfois prudent, parfois impétueux,
dans la foule je me confonds
Parfois seigneur, parfois faucon royal
je chasse et me fais chasser

Parfois océan, parfois lac,
parfois sultan, parfois esclave,
Parfois printemps, parfois rose
de main en main je m'effeuille,

Il n'y a ni halte, ni corps ni être humain
A part Dieu en somme, il n'y a rien,
alors dites-moi où je tourne ?

*Echrefoghlou Roumi*

## Dans la demeure de Laïla

Entendant son appel je me suis approché
De le demeure de Laïla.
Ô puisse cette voix si douce ne se taire jamais !
Elle m'accorda sa faveur et, m'attirant vers elle,
M'introduisit en son domaine,
Avec des paroles pleines d'intimité.
Elle me fit asseoir près d'elle,
Plus près encore s'approcha
Et retira le vêtement qui la voilait à mes regards,
Me plongeant dans l'éblouissement,
M'émerveillant par sa beauté.

Je fus ravi, ébloui.
Au plus secret d'elle-même, abîmé,
Jusqu'à penser qu'elle était moi ;
Pour rançon elle prit ma vie.
Elle me changea, me transfigura,
De son propre sceau me marqua,
Me pressa contre elle,
M'accorda un privilège unique,
Me nomma de son nom.

M'ayant tué et réduit en lambeaux,
Elle trempa ces restes dans son sang,
Puis, me ressucita :
Mon astre en son firmament brille.
Où est ma vie, où est mon corps,
Où est la volonté de mon âme ?
Leur vérité pour moi rayonne,

Secrets qui jusqu'alors m'avaient été cachés.
Mes yeux n'ont jamais vu qu'elle :
Ils ne peuvent que d'elle témoigner.
En elle sont compromises toutes les significations.
Gloire à celui qui l'a créée !

Pour toi qui aimerais décrire la beauté,
De son éclat voilà quelque reflet.
Reçois-le de ma science.
Ne le tiens pas pour chose vaine.
Mon cœur n'a pu mentir en révélant
Le secret de ma rencontre avec elle.
Même si la proximité s'efface,
En sa subsistance je subsiste toujours.

*Cheikh Ahmad al Alawi*

## Ôte-moi de moi-même

Dieu donne-moi un tel amour
Que plus je ne sache où je me trouve
Que de moi-même je m'égare
contre ma propre volonté
Eblouis-moi de telle sorte
qu'hier se mêle à aujourd'hui
Que je ne sois que ce désir
qu'aucune image ne contente
prends-moi, ôte-moi de moi-même
et me remplis enfin de toi.

*Yunus Emré*

# La Lumière

Voici une Sourate que nous avons révélée,
que nous avons imposée,
où nous avons fait descendre des Signes clairs.
– Peut-être vous en souviendrez-vous ? –

Frappez la débauchée et le débauché
de cent coups de fouet chacun.
N'usez d'aucune indulgence envers eux
afin de respecter la religion de Dieu ;
– si vous croyez en Dieu et au Jour dernier –
un groupe de croyants sera témoins de leur
châtiment.

Le débauché n'épousera
qu'une débauchée ou une polythéiste ;
la débauchée n'épousera
qu'un débauché ou un polythéiste.
– Cela est interdit aux croyants –

Frappez de quatre-vingt coups de fouet
ceux qui accusent les femmes honnêtes
sans pouvoir désigner quatre témoins ;
et n'acceptez plus jamais leur témoignage :
voilà ceux qui sont pervers,
à l'exception de ceux qui, à la suite de cela,
se repentent et se réforment.
– Dieu est, en vérité, celui qui pardonne ;
il est miséricordieux –

Quant à ceux qui accusent leurs épouses,
sans avoir d'autre témoin qu'eux-mêmes :
le témoignage de chacun d'eux consistera
à témoigner quatre fois devant Dieu
qu'ils sont véridiques,
et une cinquième fois
pour appeler sur eux la malédiction de Dieu
s'ils ont proféré un mensonge.

On détournera le châtiment de la femme
si elle témoigne quatre fois devant Dieu
que son accusateur ment,
et une cinquième fois
pour appeler sur elle-même la colère de Dieu,
si c'est lui qui est véridique.

Sans la grâce de Dieu sur vous et sa miséricorde…
– Dieu est celui qui revient sans cesse
vers le pécheur repentant ;
il est juste –

Les calomniateurs sont nombreux parmi vous
Ne pensez pas que ce soit un mal pour vous ;
c'est au contraire un bien pour vous.

Chacun d'eux est responsable
du péché qu'il a commis.
Celui qui, parmi eux, s'est chargé
de la plus lourde part
subira un terrible châtiment.

Si seulement les croyants et les croyantes
avaient pensé en eux-même du bien de cette affaire
lorsqu'ils en ont entendu parler !
S'ils avaient dit :
« C'est une calomnie manifeste ! »

Si seulement ils avaient appelé quatre témoins !
Ils n'ont pas désigné de témoins,
parce que ce sont des menteurs devant Dieu.

Sans la grâce de Dieu sur vous et sa miséricorde,
en ce monde et dans la vie future,
vous auriez été atteints par un terrible châtiment,
à cause du mal dans lequel vous vous êtes lancés,
lorsque vous colportez par votre langue,
et que vous dites de votre bouche
ce que vous ne savez pas.

Vous pensez que ce n'est rien,
alors que c'est considérable devant Dieu.

Si seulement vous aviez dit,
lorsque vous avez entendu cette calomnie :
« Nous ne devons pas en parler ! »
– Gloire à toi !
C'est une infamie incommensurable ! –

Dieu vous exhorte à ne plus jamais commettre
une chose semblable, si vous êtes croyants !

Dieu vous expose les Signes.
Dieu est celui qui sait, il est sage.

Ceux qui aiment
que la turpitude se répande parmi les croyants
subiront un châtiment douloureux
en ce monde et dans la vie future.
– Dieu sait, et vous, vous ne savez pas –

Sans la grâce de Dieu sur vous et sa miséricorde...
– Dieu est bon et miséricordieux –

Ô vous qui croyez !
ne suivez pas les traces du Démon ;
celui-ci ordonne la turpitude
et les actions blâmables
à quiconque suit ses traces.

Sans la grâce de Dieu sur vous et sa miséricorde,
nul, parmi vous, ne serait jamais pur.
Mais Dieu purifie qui il veut.
– Dieu est celui qui entend et qui sait –

Ceux qui, parmi vous,
jouissent de sa faveur et de l'aisance
ne négligeront pas de donner à leurs proches,
aux pauvres
et à ceux qui émigrent dans le chemin de Dieu.

Ils oublieront et ils pardonneront.
N'aimez-vous pas que Dieu vous pardonne ?
– Dieu est celui qui pardonne,
il est miséricordieux –

Ceux qui calomnient
des femmes honnêtes, insouciantes et croyantes
seront maudits en ce monde
et dans la vie future,
ils subiront un terrible châtiment
le Jour où leurs langues, leurs mains et leurs pieds
témoignent contre eux sur ce qu'ils ont fait.

Dieu leur versera, ce Jour-là,
la juste rétribution qui leur est due.
Ils sauront alors avec certitude,
que Dieu est la Vérité évidente.

Les femmes mauvaises aux hommes mauvais ;
les mauvais aux mauvaises !
Celles qui sont bonnes, à ceux qui sont bons ;
ceux qui sont bons, à celles qui sont bonnes !
Les hommes bons sont innocentés
des accusations portées contre eux ;
ils obtiendront le pardon et une grâce abondante.

Ô vous qui croyez !
N'entrez pas dans des maisons
qui ne sont pas vos maisons,
sans demander la permission
et sans saluer ses habitants.
C'est préférable pour vous ;
peut-être vous en souviendrez-vous.

Si vous n'y trouvez personne, n'y pénétrez pas
avant d'en avoir obtenu la permission.
Si l'on vous dit : « Retirez-vous »,

retirez-vous alors : c'est plus pur pour vous.
– Dieu sait ce que vous faites –

Il n'y a pas de faute à vous reprocher
si vous pénétrez dans des maisons inhabitées
où se trouve un objet vous appartenant.
– Dieu sait ce que vous divulguez
et ce que vous cachez –

Dis aux croyants :
de baisser leurs regards,
d'être chastes.
Ce sera plus pur pour eux.
– Dieu est bien informé de ce qu'ils font –

Dis aux croyantes :
de baisser leurs regards,
d'être chastes,
de ne montrer que l'extérieur de leurs atours,
de rabattre leurs voiles sur leurs poitrines,
de ne montrer leurs atours qu'à leurs époux,
ou à leurs fils, ou aux fils de leurs époux,
ou à leurs frères, ou aux fils de leurs frères,
ou aux fils de leurs sœurs,
ou à leurs servantes ou à leurs esclaves,
ou à leurs serviteurs mâles incapables d'actes sexuels,
ou aux garçons impubères.

Dis-leur encore
de ne pas frapper le sol de leurs pieds
pour montrer leurs atours cachés.

Ô vous les croyants !
Revenez tous à Dieu.
Peut-être serez-vous heureux !
Mariez les célibataires qui sont parmi vous,
ainsi que ceux de vos esclaves, hommes ou femmes,
qui sont honnêtes ;
s'ils sont pauvres, Dieu les enrichira par sa faveur.
– Dieu est présent partout et il sait –

Ceux qui ne trouvent pas à se marier
rechercheront la continence
jusqu'à ce que Dieu les enrichisse par sa faveur.

Rédigez un contrat d'affranchissement
pour ceux de vos esclaves qui le désirent,
si vous reconnaissez en eux les qualités
et donnez-leur des biens que Dieu vous a accordés.

Ne forcez pas vos femmes esclaves à se prostituer
pour vous procurer les biens de la vie de ce monde,
alors qu'elles voudraient rester honnêtes.

Mais si quelqu'un les y contraignait...
Quand elles ont été contraintes,
Dieu est celui qui pardonne, il est miséricordieux.

Oui, nous avons fait descendre sur vous
de clairs Versets
comme un exemple tiré de ceux
qui ont vécu avant vous,
et une exhortation pour ceux qui craignent Dieu.

Dieu est la lumière des cieux et de la terre !
Sa lumière est comparable à une niche
où se trouve une lampe.
La lampe est dans un verre ;
le verre est semblable à une étoile brillante.

Cette lampe est allumée à un arbre béni :
l'olivier qui ne provient
ni de l'Orient, ni de l'Occident
et dont l'huile est près d'éclairer
sans que le feu la touche.

Lumière sur lumière !
Dieu guide, vers sa lumière, qui il veut.
Dieu propose aux hommes des paraboles.
Dieu connaît toute choses.

Cette lampe se trouve
dans les maisons que Dieu a permis d'élever,
où son nom est invoqué,
où des hommes célèbrent ses louanges
à l'aube et au crépuscule.

Nul négoce et nul troc ne les distraient
du souvenir de Dieu, de la prière et de l'aumône.

Ils redoutent un Jour
où les cœurs et les regards seront bouleversés
et ainsi, Dieu les récompensera
pour les meilleures de leurs actions
et il augmentera sa grâce envers eux.

– Dieu pourvoit, sans compter,
aux besoins de qui il veut –

Les actions des incrédules sont semblables
à un mirage dans une plaine.
Celui qui est altéré croit voir de l'eau ;
mais quand il y arrive, il ne trouve rien ;
il y trouve Dieu qui lui paiera son compte.
– Dieu est prompt dans ses comptes ! –

Elles sont encore comparables
à des ténèbres sur une mer profonde :
une vague la recouvre,
sur laquelle monte une autre vague ;
des nuages sont au-dessus.
Ce sont des ténèbres amoncelées les unes sur les autres.

Si quelqu'un étend sa main, il peut à peine la voir.
Celui à qui Dieu ne donne pas de lumière,
n'a pas de lumière.

Ne vois-tu pas
que ce qui se trouve dans les cieux et sur la terre
et les oiseaux qui étendent leurs ailes
célèbrent les louanges de Dieu ?

Dieu connaît
la prière et les louanges de chacun d'entre eux.
Dieu sait parfaitement ce qu'ils font.

La royauté des cieux et de la terre appartient à Dieu :
le retour final sera vers Dieu.

Ne vois-tu pas que Dieu pousse les nuages,
puis qu'il les amoncelle pour en faire une masse ?

Tu vois alors l'ondée sortir de leur profondeur.
Dieu fait descendre du ciel
des montagnes pleine de grêle.
Il en frappe qui il veut ;
il en préserve qui il veut ;
l'éclat de la foudre arrache presque la vue.

Dieu fait alterner la nuit et le jour.
Il y a vraiment en cela
un enseignement pour ceux qui voient.

Dieu a créé tous les êtres vivants
à partir de l'eau.
Certains d'entre eux rampent sur leur ventre ;
certains marchent sur deux pattes,
et d'autres sur quatre.
– Dieu crée ce qu'il veut.
Dieu est puissant sur toute chose –

Oui, nous avons fait descendre des Signes clairs.
Dieu dirige qui il veut sur la voie droite.

Ils disent :
« Nous croyons en Dieu,
au Prophète
et nous obéissons. »
Certains d'entre eux se détournent ensuite :
voilà ceux qui ne sont pas croyants.

Quand ils sont appelés devant Dieu et son Prophète
pour que celui-ci juge leurs différents,
certains d'entre eux s'écartent.
Mais si ils avaient le droit pour eux,
ils viendraient à lui et ils se soumettraient.

Leurs cœurs sont-ils malades ?
Ou bien doutent-ils ?
Ou craignent-ils
que Dieu et son Prophète ne les oppriment ?
Non !..
Voilà ceux qui sont injustes.

Lorsque les croyants
sont appelés devant Dieu et son Prophète
pour que celui-ci juge leurs différends,
ils ne prononcent qu'une seule parole :
ils disent :
« Nous entendons et nous obéissons ! »
voilà ceux qui sont heureux !

Ceux qui obéissent à Dieu et à son Prophète ;
ceux qui redoutent Dieu et le craignent :
voilà ceux qui sont heureux !

Ils jurent par Dieu en des serments solennels
que, si tu leur en donnais l'ordre,
ils se mettraient en campagne.
Dis :
« Ne jurez pas ! »
L'obéissance est de rigueur,
et Dieu est bien informé de ce que vous faites.

Dis :
« Obéissez à Dieu !
Obéissez au Prophète ! »

S'ils se détournent,
le Prophète n'est alors responsable
que de ce dont il est chargé
et vous n'êtes responsables
que de ce dont vous êtes chargés.

Si vous lui obéissez, vous serez bien dirigés ;
il incombe seulement au Prophète
de transmettre en toute clarté ses messages.

Dieu a promis à ceux d'entre vous qui croient
et qui accomplissent des œuvres bonnes
d'en faire ses lieutenants sur la terre,
comme il le fit pour ceux qui vécurent avant eux.
Il leur a promis aussi
d'établir fermement leur religion
qu'il lui a plu de leur donner
et de changer, ensuite, leur inquiétude en sécurité.
Ils m'adoreront et ils ne m'associeront rien.

Ceux qui, après cela, seront incrédules :
voilà les pervers.

Acquittez-vous de la prière,
faîtes l'aumône,
obéissez au Prophète.
– Peut-être vous sera-t-il fait miséricorde –

Ne pensez pas
que les incrédules puissent, sur la terre,
s'opposer à la puissance de Dieu ;
leur refuge sera le Feu :
qu'elle détestable fin !

Ô vous qui croyez !
Que vos esclaves
et ceux d'entre vous
qui n'ont pas encore atteint la puberté
demandent la permission d'entrer chez vous
à trois moments de la journée
avant la prière de l'aube ;
au milieu du jour, lorsque vous retirez vos vêtements
et après la prière du soir.
Ce sont pour vous trois occasions de vous dévêtir.

En dehors de ces moments,
il n'y a de faute à reprocher,
ni aux autres ni à vous-mêmes,
si vous vous rendez les uns chez les autres.
– Dieu vous expose ainsi les Signes.
Dieu est celui qui sait, il est sage –

Il n'y a pas de faute à reprocher
aux femmes qui ne peuvent plus enfanter
et qui ne peuvent plus se marier,
de déposer leurs voiles,
à condition de ne pas se montrer dans tous leurs atours ;
mais il est préférable pour elles de s'en abstenir.
– Dieu est celui qui entend et qui sait –

Il n'y a pas de faute à reprocher à l'aveugle,
pas de faute à reprocher au boiteux,
pas de faute à reprocher au malade et à vous-mêmes :
lorsque vous mangez dans vos maisons,
ou dans les maisons de vos pères,
ou dans les maisons de vos mères,
ou dans les maisons de vos frères,
ou dans les maisons de vos sœurs,
ou dans les maisons de vos oncles paternels,
ou dans les maisons de vos tantes paternelles,
ou dans les maisons de vos oncles maternels,
ou dans les maisons de vos tantes maternelles,
ou dans celles dont vous possédez les clés,
ou chez votre ami.
Il n'y a pas de faute à vous reprocher
si vous mangez ensemble ou séparément.

Quand vous pénétrez dans des maisons,
adressez-vous mutuellement une salutation
venue de Dieu, bénie et bonne.
– Dieu vous expose ainsi les Signes,
peut-être comprendrez-vous –

Seuls sont croyants
ceux qui croient en Dieu et en son Prophète.

Lorsqu'ils sont avec lui
pour une affaire qui les réunit,
ils ne se retirent pas
avant de lui en avoir demandé la permission.
Ceux qui te demandent cette permission,
voilà ceux qui croient en Dieu et en son Prophète.

S'ils te demandent la permission d'entrer
pour une affaire personnelle,
accorde-la à qui tu veux.

Implore pour eux le pardon de Dieu.
Dieu est celui qui pardonne,
il est miséricordieux.

Ne considérez pas l'appel du Prophète
comme un appel
que vous vous adresseriez les uns aux autres.

Dieu connaît
ceux d'entre vous qui se dérobent secrètement.
Ceux qui s'opposent à son ordre doivent prendre garde.

***Sourate XXIV***

# La vérité sur Dieu, c'est qu'il est saint

C'est le recueillement, puis le silence ; puis l'aphasie et la connaissance ; puis la découverte ; puis la mise à nu. Et c'est l'argile, puis le feu ; puis la clarté et le froid ; puis l'ombre ; puis le soleil. Et c'est la rocaille, puis la plaine ; puis le désert, et le fleuve ; puis la crue ; puis le déssèchement (passage de la mer Rouge). Et c'est l'ivresse, puis le dégrisement ; puis le désir, et l'approche ; puis la jonction ; puis la joie. Et c'est l'etreinte, puis la détente ; puis la disparition et la séparation ; puis l'union ; puis la calcination. Et c'est la transe, puis le rappel ; puis l'attraction et la conformation ; puis l'apparition (divine) ; puis l'investiture (de l'élection). Phrases (que tout cela), accessibles à ceux-là seuls pour qui tout ce bas monde ne vaut pas plus qu'un sou. Et voix de derrière la porte, mais l'on sait que les conversations des hommes, dès que l'on se rapproche, s'assourdissent en un murmure. Et la dernière idée qui se présente au fidèle, en arrivant à la barrière, c'est « mon lot » et « mon moi ». Car les créatures sont serves de leurs inclinations, et la vérité, sur Dieu, quand on Le constate, c'est qu'Il est saint.

*Husayn Mansûr Hallâj*

# Le vent et la poussière

Dieu a caché la mer et montré l'écume
il a caché le vent et montré la poussière...

Comment la poussière pourrait-elle
s'élever d'elle-même ?...

Tu vois pourtant la poussière,
et pas le vent.

Mais tu vois l'écume et pas la mer.

*Djalàl Al-Din Rùmi*

## Une fièvre brûle dans mon cœur

Je meurs sans que pourtant meure en moi
L'ardeur de mon amour pour Toi,
Et Ton amour, mon unique but,
N'a pas apaisé la fièvre de mon âme.

Vers Toi seul mon esprit jette son cri ;
En Toi repose toute mon ambition,
Et pourtant Ta richesse est bien au-dessus
De la pauvreté de mon humble amour.

Je tourne vers Toi ma prière
Et je cherche en Toi mon ultime repos ;
Vers Toi monte la sourde plainte,
Tu hantes ma secrète pensée…

A Toi seul est manifeste
La lourde peine de mon cœur,
Aucun autre, proche ni voisin, ne sut jamais
La mesure débordante de ma peine.

Une fièvre brûle dans mon cœur
Et me ravage tout entier ;
Elle a détruit ma force et mon appui
Et consumé lentement mon âme.

Ne guides-Tu pas dans le chemin
Le cavalier fatigué de son faix ?
Ne délivres-Tu pas des pas de la mort
Le voyageur vagabond ?

N'as-Tu pas allumé un phare aussi
Pour ceux qui trouvèrent la bonne direction
Mais ne portaient pas dans leurs mains
la plus petite lueur de son flambeau ?

Oh ! Donne-moi donc ta faveur
Pour que je vive, ainsi assisté,
Et par Toi surmonte sans peine
Les rigueurs de ma pauvreté.

***Ibrahim Misri***

# *Prières juives*

## La profession de foi

Je crois d'une foi parfaite que le Créateur – Loué soit son Nom – a créé et dirigé toutes les créatures.
Que lui seul a fait, fait et fera toutes choses.

Je crois d'une foi parfaite que le Créateur – Loué soit son Nom – est Unique et qu'il n'y a pas d'Unité comme la sienne et en dehors de la sienne, qu'il a été, est et sera notre seul Dieu.

Je crois d'une foi parfaite que le Créateur – Loué soit son Nom – n'est pas un corps et qu'aucun accident du corps ne peut l'atteindre, et qu'il ne peut être sujet d'une quelconque ressemblance.

Je crois d'une foi parfaite que le Créateur – Loué soit son Nom – est le Premier et le Dernier.

Je crois d'une foi parfaite que le Créateur – Loué soit son Nom – est seul à qui il convient d'adresser les prières et qu'il ne convient pas d'adresser les prières à autre que lui.

Je crois d'une foi parfaite que toutes les paroles des prophètes sont vérité.

Je crois d'une foi parfaite que la prophétie de Moïse notre Maître – sur lui la paix – était vraie, qu'il fut le premier des prophètes, des devanciers et de ceux qui vivront après lui.

Je crois d'une foi parfaite que la Loi qui se trouve maintenant entre nos mains est celle qui fut donnée à Moïse notre Maître – sur lui la Paix.

Je crois d'une foi parfaite qu'elle ne sera pas changée et qu'il n'existera pas d'autre loi du Créateur – Loué soit son Nom.

Je crois d'une foi parfaite que le Créateur – Loué soit son Nom – connaît le nom de toutes les actions des fils de l'homme et de toutes leurs pensées car il est dit qu'il façonne également leur cœur et qu'il observe toutes leurs actions.

Je crois d'une foi parfaite que le Créateur – Loué soit son Nom – récompense ceux qui observent ses préceptes et font le bien et qu'il punit ceux qui violent ses préceptes.

Je crois d'une foi parfaite à la venue du Messie et même s'il tarde j'espère chaque jour en sa venue.

Je crois d'une foi parfaite à la résurrection des morts au moment où le Créateur le voudra – que son Nom soit Loué à jamais et exalté son souvenir, à jamais et dans l'éternité des Eternités !

*Les treize articles de la foi « Ani Maamin »*

## Bénédiction de la Thôrâh

Sois loué, Eternel, notre Dieu, Roi du monde, qui nous as sanctifiés par tes commandements et nous as ordonné de nous préoccuper des paroles de la Thôrâh.

Eternel, notre Dieu, rends agréables les paroles de la Thôrâh à notre bouche et à celle de ton peuple, la maison d'Israël. Puissions-nous tous, nous et nos descendants et les descendants de ton peuple, la maison d'Israël, reconnaître ton Nom et étudier ta Thôrâh. Sois loué, Eternel, qui enseignes la Thôrâh à ton peuple Israël.

Sois loué, Eternel, notre Dieu, Roi du monde, qui nous as élus entre tous les peuples et nous as donné ta Thôrâh. Sois loué, Eternel, qui donnes la Thôrâh.

Que l'Eternel te bénisse et te garde, que l'Eternel fasse luire sa face vers toi et te soit favorable. Que l'Eternel tourne sa face vers toi et te donne la paix.

# Récitation du Shema Yisraèl

Sois loué, Eternel, notre Dieu, Roi du monde, Formateur de la lumière, Créateur des ténèbres, Dispensateur de la paix et Créateur de toute chose.

Toi qui, en ta miséricorde, éclaires la terre et ceux qui y habitent ; qui par ta bonté, renouvelles, chaque jour et constamment, l'œuvre de la création, que tes œuvres sont multiples, Eternel ! Tu les as toutes faites avec sagesse, et la terre est remplie de ta création. Ô Roi, tu es seul élevé depuis toujours, tu es loué, glorifié et exalté depuis les jours du monde. Dieu de l'univers, dans ta grande miséricorde, aie pitié de nous, ô Maître de notre force, Roc de notre citadelle, Bouclier de notre salut, Abri qui nous protège. Dieu loué, grand en connaissance, il a préparé et fait les rayons du soleil, bienfait qu'il a conféré en honneur de son Nom. De lumière il entoure sa puissance. Les chefs de ses légions sont saints, ils exaltent le Tout-Puissant, et sans cesse, ils racontent la gloire de Dieu et sa sainteté.

Sois loué, Eternel, notre Dieu, pour l'excellence de l'œuvre de tes mains et pour les astres lumineux que tu as faits, et qui te glorifient, Sélah !

# L'Aleynû

C'est à nous qu'il revient
de glorifier le Maître de l'univers,
de louer la grandeur
du Créateur des origines.
Lui qui ne nous a pas rendus semblables
aux autres nations de la terre,
Lui qui ne nous a pas donné la même place
qu'aux autres peuples du monde.
Lui qui n'a pas réduit notre part
à la même mesure que la leur,
Lui qui n'a pas fait ressembler notre sort
à tout leur tumulte.

Pour nous,
nous nous inclinons
nous nous prosternons,
nous rendons grâces
devant la face
du Roi des rois, de tous les rois,
du Saint, Béni soit-Il.

Il est en haut dans les cieux ;
la demeure de sa victoire
est dans son altière grandeur.
C'est Lui notre Dieu
et personne d'autre.
Il est vraiment Roi
et rien n'existe sans Lui,
comme le dit Sa Tora :

« Reconnais aujourd'hui, médite dans ton cœur
qu'Il est Dieu,
en haut dans le ciel,
en bas sur la terre,
et personne d'autre que Lui. » (Dt 4,39)

C'est pourquoi nous attendons,
ô notre Dieu,
de voir bientôt la grandeur de ta victoire,
de voir les idoles de bois disparaître de la terre,
et que disparaissent aussi,
que soient exterminés les faux dieux !

Que le monde s'ordonne pour le règne du Tout-Puissant,
que toute chair appelle Ton Nom,
que se tournent vers Toi tous les pécheurs de la terre.
Tous les habitants du monde verront et reconnaîtront :
devant Toi tout genou fléchit,
par Toi toute langue prête serment (cf. Is 45,23 ; Ph 2, 10-11).

Devant Toi, ô notre Dieu,
ils se prosterneront, ils tomberont,
ils rendront gloire
à la majesté de Ton Nom.
Ils prendront sur eux
le joug de Ta royauté
et Tu règneras sur eux tous,
bientôt, à la fin des temps et dans l'éternité.
Car le règne T'appartient,
Tu seras le Roi de gloire
pour les âges et à jamais.

Comme il est écrit dans Ta Tora :
« Il est Roi
pour toujours et à jamais. » (Ex 15,18)

Et il est dit :
« Et Il sera Roi sur toute la terre.
En ce jour
Il sera unique
et Son Nom sera unique. » (Za 14,9)

*Prière attribuée à Abba Areka*

# Prière du matin de Kippour

Bénissez l'Eternel dans tous les lieux où il règne.
Nul n'est saint comme le Seigneur, il n'y a point d'autre
Dieu que lui.

Son précieux Yechouroun (peuple d'Israël),
il l'a délivré d'un peuple méchant,
Et l'a sauvé des eaux par l'intermédiaire de Moïse
son prophète

Il a fait descendre sa gloire dans le sanctuaire
de son choix.
Et monter son prophète au-dessus de nuages célestes.

Il a accordé le don de prophétie à ceux qui voulaient
le connaître.
Et dispensé un haut esprit à ceux qui l'ont compris.

Il les a dirigé dans l'organisation de son vrai culte,
Pour les rendre semblables aux créatures du monde
supérieur.

Comme les messagers divins, ils proclament sa sainteté.
Et viennent lui apporter de saintes offrandes.
Ils savent appaiser son courroux et se faire pardonner.
Et ils racontent à tous les louanges de l'Eternel.

Ils s'enveloppent d'un voile, comme les Séraphins
de leurs ailes,
Et ressemblent aux feux étincelents du Haschmal.

Ils courent, ils se hâtent, ils s'unissent
Et ils s'efforcent de se rapprocher de Toi, Seigneur.

La crainte qu'ils éprouvent les couvre de confusion ;
Ils s'encouragent à te servir et se repentent
de leurs fautes et péchés.

Avec un saint empressement ils te louent sans cesse ;
Ils exaltent et sanctifient ta triple sainteté.

Ô Dieu sublime, qui es glorifié par le chœur des Saints.

## Racontons la puissance « Ou-netane Tokef »

Racontons la puissance et la sainteté de ce jour, car il est redoutable et terrible. En ce jour ton royaume sera élevé, ton trône sera prêt avec grâce et tu y siégeras en vérité. En vérité, car c'est toi qui es juge et arbitre, expert et témoin. Tu écris et tu signes, tu comptes et tu énumères, et tu te souviens de toutes les choses oubliées. Tu ouvres le livre des souvenirs, on y lit et l'écriture de tout homme s'y trouve.

On sonne dans une grande trompette et on entend le bruit d'un léger murmure. Des anges se précipitent, la peur et l'épouvante les saisissent et ils disent : voici le jour du jugement pour passer en justice l'armée céleste, car ils ne sont pas innocents à tes yeux. Tous les habitants du monde passent devant toi comme le bétail d'un troupeau. Comme le berger, en inspectant son troupeau, fait passer son bétail sous sa houlette, ainsi tu fais passer, tu comptes, tu énumères et tu examines toute âme vivante. Tu fixes un terme à chaque créature et tu inscris sa sentence.

Le jour de l'An, il est inscrit et le Jour du Grand Pardon, il est scellé : combien trépasseront et combien naîtront, qui vivra et qui mourra, qui à son terme et qui avant son terme, qui par l'eau et qui par le feu, qui par le glaive et qui par une bête féroce, qui par la faim et qui par la soif, qui par un tremblement de terre et qui par la peste, qui par strangulation et qui par lapidation, qui restera dans sa demeure et qui errera, qui sera apaisé et qui sera tourmenté, qui sera quiet et qui aura des soucis, qui sera pauvre et qui sera riche, qui sera abaissé et qui sera élevé ?

Repentir Prière Bienfaisance (Justice)
Atténuent la rigueur de la sentence.

Car ton Nom est digne d'éloges, long à t'irriter et prompt à t'apaiser : Tu ne désires pas la fin du mortel, mais qu'il se détourne de son mauvais chemin et qu'il vive. Tu l'attends jusqu'au jour de sa mort, dès qu'il se détourne, tout de suite tu le reçois. En vérité, tu es son créateur et tu connais son instinct car il n'est que chair et sang.

L'homme vient de la poussière et retourne à la poussière ; au péril de sa vie il gagne son pain. Il est semblable au pot d'argile qui se casse, à l'herbe qui se dessèche, à la fleur qui se fane, à l'ombre qui passe, au nuage qui se dissipe, au vent qui souffle, à la poussière qui s'envole et au rêve qui s'évapore.

Tu es Roi, Dieu vivant et éternel.

## Psaume 91

Celui qui habite dans la retraite du Très-Haut
Repose à l'ombre du Tout-Puissant.
Je dis à l'Eternel : Tu es mon refuge et ma forteresse
Mon Dieu en qui je mets ma confiance !
C'est lui qui te délivrera du filet de l'oiseleur
Et de la peste meurtrière.
Il te couvrira de ses ailes et, sous sa protection
tu trouveras un refuge ;
Sa fidèlité sera ton bouclier protecteur.

Tu ne craindras ni les terreurs de la nuit, ni la flèche qui vole pendant le jour,
Ni la peste qui se glisse à travers les ténèbres.
Ni la mortalité qui sévit en plein midi.
Quand il tomberait mille hommes à ton côté
Et dix mille à ta droite,
Tu ne serais pas atteint.
Mais toi, tu contempleras de tes yeux
Et tu verras le châtiment des méchants.

Oui, tu es mon refuge, ô Eternel !
Tu as pris le Très-Haut pour ton asile.
Aucun mal ne t'atteindra ;
Aucun fléau n'approcheras de ta tente.
Car il ordonnera à ses anges
De te garder dans toutes tes entreprises.
Il te porteront sur leurs mains
De peur que ton pied
ne heurte contre une pierre.

Tu marcheras sur le lion et l'aspic ;
Tu écraseras le lionceau et le dragon.

Puisqu'il s'est attaché à moi, je le délivrerai ;
Je le mettrai en sûreté, puisqu'il connaît mon nom.
Il m'invoquera, et je l'exaucerai ;
Je serai avec lui dans la détresse,
Je l'en retirerai et le glorifierai.
Je le rassasierai de longs jours,
Et je lui ferai contempler mon salut.

# Maoz Tzûr (Rocher de ma force)

Rocher de ma force, ma citadelle,
Toi qu'il est doux d'honorer,
Rends à Ton peuple fidèle
Son Temple pour T'adorer.
Quand seront abaissés
Nos ennemis acharnés,
Nous fêterons
Et chanterons
Ton Saint Autel restauré.

Que d'épreuves, de tourments,
D'amertume en notre vie,
Quand l'Egypte insolemment
Nous retenait asservis.
Mais Ton bras soudain brandi
Sauva le peuple choisi.
Le Pharaon
Et ses légions
Les flots les ont engloutis.

Venus en Ton Sanctuaire,
Bien court fut notre répit :
Des tyrans nous en chassèrent,
Grand Dieu, pour T'avoir trahi.
Quel vertige nous saisit !
Mais à peine hors du pays,
Tombe Babel,
Surgit Zorobabel,
Et notre exil est fini.

L'Agagite sacrilège
Voulut briser Mardochée,
Mais il se prit à son piège,
Vit son orgueil terrassé.
Mardochée fut vengé,
Le nom d'Hamman déshonoré,
Tous les siens
Et tous ses biens
Dans sa disgrâce antraînés !

Enfin Yavan nous assaille
Aux jours des Asmonéens.
Il fait brêche en nos murailles,
Profane nos vases saints,
Un seul restait, soudain,
L'huile pure en coula sans fin.
C'est pourquoi,
Huit jours de joie,
Nous chantons avec entrain.

***Chant attribué au poète Mordekhai***

# Hymne Adon Olam (Seigneur du monde)

Seigneur du monde, Il a régné
Avant que rien ne fut créé.
Lorsqu'il créa, par volonté
Du seul nom de Roi Il fut nommé.
Seul Il régnera redouté.

Il fut, Il est et Il sera
Et toujours Il resplendira
Et Il est Un et nul second
Qui puisse Lui être compagnon,
Il ne commence, Il ne finit,
La force, le règne, c'est Lui.

Il est mon Roi, mon Rédempteur,
Et mon Salut dans le malheur,
Mon Refuge miraculeux
Au jour de mon cri douloureux,
Quand je m'éveille, quand je m'endors,
Je mets mon âme dans Sa Main
Et je Lui donne aussi mon corps.
Dieu est à moi, je ne crains rien.

# Prière finale du Sabbat

Esprit de piété et de ferveur, inspire-moi, éloigne de mon âme toute pensée futile, élève mon cœur vers l'auteur de la création, et qu'un profond recueillement règne autour de moi pour que je puisse célébrer en paix la fin de cette sainte journée de repos, qui s'approche de son coucher et qui, dans quelques instants, ira se perdre dans l'éternité. Veille près de moi, Seigneur, et donne force à mon âme pour résister aux séductions du corps, soutiens-la dans sa lutte contre les séductions du monde, contre les tentations de la terre, fais que chaque sabbat la rapproche de toi, afin que ces journées de repos soient autant de degrés qui me conduisent au ciel.
Fais aussi, ô mon Dieu, que la semaine qui commence soit pour moi, pour ma famille et pour tous les hommes le début d'une vie de piété, de paix et de prospérité.
Amen.

# Autres prières d'hier et d'aujourd'hui

## Que ta joie passe sur moi

Aux flots parfumés de ton éternité
laisse-moi m'abreuver, ô mon Dieu,
et aux fruits de l'arbre de ton existence
permets-moi de goûter, ô mon Espoir.
Aux sources cristallines de ton amour,
permets que j'apaise ma soif, ô ma Gloire,
et sous l'ombre de ton éternelle providence,
laisse-moi demeurer, ô ma Lumière !
Dans les prairies de ton approche, en ta présence,
laisse-moi circuler, ô mon Bien-Aimé
et à la droite du trône de ta miséricorde,
laisse-moi siéger, ô mon Désir.
Qu'un souffle des brises embaumées de ta joie
passe sur moi, ô But de ma vie,
et qu'au paradis suprême de ta réalité
je trouve accès, ô mon Adoré !
Laisse-moi écouter la mélodie chantée par la colombe
de ton unité, ô Toi le Resplendissant,
et par l'esprit de ton pouvoir et de ta puissance,
vivifie-moi, ô Toi mon Bienfaiteur !
Que je reste constant dans l'esprit de ton amour,
ô mon Soutien, et que mes pas soient affermis
dans le sentier de ton bon plaisir, ô mon Créateur !
Dans le jardin de ton immortalité, en ta présence,
laisse-moi demeurer à jamais,
ô Toi qui es miséricordieux pour moi,
et sur le siège de ta gloire établis-moi,
ô Toi qui es mon Maître !
Au ciel de ta tendre bonté élève-moi,

ô Toi mon Animateur,
et vers l'Etoile matinale de ta direction
conduis-moi, ô Toi qui m'attires.
Lors des révélations de ton invisible esprit
daigne m'appeler,
ô Toi qui es la cause de mon existence
et l'objet de mon plus grand désir,
et vers l'essence embaumée de ta beauté
que Tu voudras manifester, fais que je retourne,
ô Toi qui es mon Dieu !
Tu as le pouvoir de faire ce qui Te plaît.
Tu es en vérité le Très-Elevé, le Tout-Glorieux,
le Suprême.

***Baha'u'llah***

## Tu es bon envers nous

Ô Toi, Dieu de bonté, Tu as fait descendre toute l'humanité du seul et même couple originel ; Tu as voulu que tous les êtres fussent de la même famille. En ta sainte présence, ils sont tes serviteurs et toute l'humanité s'abrite sous ton tabernacle. Tous se sont réunis à la table de ta générosité, tous sont radieux sous la lumière de ta providence.

Ô Dieu ! Tu es bon envers tous, Tu as pourvu chacun, Tu abrites chacun, à tous Tu confères la vie. Tu les as tous dotés de facultés et de talents et chacun d'eux est plongé dans l'océan de ta miséricorde. Ô Toi, Seigneur bienfaisant ! Unis-les tous ; fais que les religions s'accordent, que les nations s'unifient, afin qu'ils soient comme les membres d'une même patrie. Puissent-ils s'associer dans l'unité et la concorde.

Ô Dieu ! Lève l'étendard de l'unité du genre humain. Ô Dieu ! Etablis la très Grande Paix. Cimente les cœurs ensemble. Ô Dieu ! Ô Toi Père bienfaisant ! Dieu ! Réjouis les cœurs par le parfum de ton amour ; fais briller les yeux par la lumière de ta direction ; charme les oreilles par la mélodie de ta parole et abrite-nous dans le refuge de ta providence.
Tu es le Fort, le Puissant, le Clément, Tu es Celui qui est indulgent pour les faiblesses des hommes.

***Baha'u'llah***

## Hymne à Amon

Celui qui a inauguré l'existence la première fois, Amon, qui est venu à l'existence au commencement sans que son surgissement soit connu !

Il n'y eut pas de dieu qui vint à l'existence avant lui.
Il n'y avait pas d'autre dieu avec lui pour exprimer ses formes.

Il n'y avait pas de mère qui lui ait fait son nom.
Il n'y avait pas de père qui l'ait engendré et qui ait dit : « C'est moi ! »

Il est celui qui a façonné son œuf lui-même, le Puissant dont la naissance est mystérieuse, qui a créé sa beauté ; le dieu divin qui est venu à l'existence lui-même.

Tous les dieux vinrent à l'existence lorsqu'il se fut donné le commencement.

## Louange du Nil

Il apporte sa plénitude
et aucune digue n'est dressée devant lui.
Il a atteint les montagnes,
Seigneur des poissons, aux nombreux oiseaux.
Il apporte tous ses produits utiles.
On s'en nourrit et tous les cœurs sont doux.
Les dieux sont en fête.
C'est le bonheur pour l'Egypte que ta proximité.
C'est un butin de poissons et d'oiseaux chaque jour.
Alors rien ne subit de dommage.
Le pays se met en place,
l'Ennéade au complet et la région du sud.
Aussi tes aliments sont nombreux comme les grains de sable.
Ta double maison du Trésor est remplie par la crue de toute bonne chose : huile aussi bien qu'oiseaux, bière, encens et vin sans limite.
Tes greniers atteignent le ciel d'en-haut.
Il est comme la boisson
et le pain des rives sablonneuses.
Ton père Amon fait pour toi ta perfection selon son désir.
Tout dieu et toute déesse,
leur cœur est apaisé à cause de ta perfection.
Ils passent le temps à raconter ta perfection.
Leur cœur est apaisé à cause de ta perfection.
Tu es un roi qui crée la force de ses deux bras
et qui sait employer sa main.
Ta force est victorieuse
plus que celle de serviteurs et de servantes…

## La chanson des quatre vents du ciel

Pour avoir puissance sur les quatre vents du ciel. Ces quatre vents m'ont été donnés par ces jeunes filles. Voici le vent du nord, qui circule chez les Haou-nebout, qui déploie ses bras jusqu'aux limites des Deux Terres, puis qui s'endort après avoir réalisé le vœu de son aimé, chaque jour. C'est le vent de la vie, le vent du Nord ; il m'a été donné afin que je vive de lui.

Ces quatre vents m'ont été donnés par ces jeunes filles. Voici le vent d'Est, qui ouvre la porte du ciel, qui libère les souffles de l'Orient, et qui fait un bon chemin pour Rê lorsque celui-ci sort en sa compagnie. Que Rê prenne ma main, qu'il me place sur sa fameuse Campagne des Souchets, afin que j'y trouve ma nourriture – selon la coutume du taureau Apis. C'est le vent de vie que le vent d'Est ; il m'a été donné afin que je vive de lui.

Ces quatre vents m'ont été donnés par ces jeunes filles. Voici le vent d'Ouest, frère de ha, enfant de IAAou, qui vivait dans le corps de la déesse unique, fraternisant dans ce pays (avec les autres vents), vents du Sud et vent du Nord, vent de l'Ouest et vent de l'Est. Il m'a été donné afin que je vive de lui.

Ces quatre vents m'ont été donnés par ces quatre jeunes filles. Voici le vent du Sud, qui souffle comme le Nègre du midi, qui amène l'eau et fait croître la vie. C'est le vent de vie que le vent du Sud ; il m'a été donné afin que je vive de lui.

Salut à vous, ces quatre vents célestes, les taureaux du ciel !
Je te dis ton nom et le nom de celui qui les a placés auprès de moi et m'a fait naître au monde. Ton nom est venu à l'existence avant que ne naissent les hommes, avant que les dieux n'existent, avant que les oiseaux ne soient pris au piège, avant que les bœufs ne soient capturés au lasso, avant que ne soient étreintes les cuisses de Matret, la déesse fille du grand dieu, avant que ne soit satisfait le désir de l'Ancien, maître du ciel et maître de la terre.

Je les avais demandés au Seigneur de la puissance, c'est lui qui me les a donnés. Viens-t-en donc en voyage avec moi. Je te ferai voir mon bateau, tu y descendras et y navigueras.

# Chant d'une jeune fille à l'intention de son amant

Qu'il est doux de s'aimer !
Jadis tu m'appelais de ton appeau,
Tu étais le chasseur.
Et moi, je te suivais.
Maintenant tu veux me quitter.
Pour rien au monde, je ne l'accepterais.

Garçon, si tu souhaites m'abandonner,
Jamais, je ne te laisserais partir.
Buvons ce sang
Qui coule de nos mains
Que nous aurons transpercées.

Garçon, que prendrons-nous pour piquer notre paume ?
L'aiguille et son fils rouge.
Trois piqûres d'aiguille et que coulent trois gouttes de sang.

Garçon, que prendrons-nous pour recueillir ce sang ?
Cueillons une feuille verte.
Et puisque nous nous aimons,
Que nos sangs se mêlent sur la feuille.

Notre sang coule rouge sur la feuille verte,
Il ruisselle jusqu'à terre.
Garçon, si tu meurs le premier,
Souviens-toi de ce jour lointain
Où nous avons échangé les sangs.

Garçon qu'il est si doux d'aimer,
Tu bois mon sang. Quel goût a-t-il ?
Le tien est comme l'eau fraîche de la source.
Si tu meurs le premier,
Va m'attendre
Dans la grande plaine de l'autre monde.

Garçon, si tu meurs le premier,
prends patience, attends-moi trois jours.
Si tu ne me vois pas venir,
Pour que je puisse te suivre, écris mon nom
A côté du tien dans le grand livre du Destin.
Garçon, quand de vie tu seras passé à trépas,
Quand la mort à mon tour m'aura emportée,
Nous nous tiendrons main dans la main
sans jamais nous quitter.
Nous monterons ensemble chez Ndzu Nyong,
Jusqu'à la porte du ciel faite d'énormes rochers.

Si nous ne pouvons pas nous aimer en ce monde,
Nous nous aimerons dans un autre.
Nous demanderons au Vieux Seigneur
Qu'il nous accorde une nouvelle destinée
Pour que nous retournions ensemble
Habiter le corps de deux enfants qui naîtront
ce même jour.

De vie nous passerons à trépas,
Nous tenant toujours par la main.
Et puisque nous ne pouvons nous aimer librement
sur cette terre,

Nous monterons ensemble par les sentiers escarpés
Pour aller demander au Maître du Ciel
De nous accorder une nouvelle destinée
Afin de renaître heureux et unis
dans une autre existence.

Ah ! que pénible est ma tristesse !
Puissions-nous, dans une autre vie,
connaître enfin le bonheur.

## Chant de mariage

Les aigles noirs au vol majestueux qui possèdent
la science
Les aigles noirs qui possèdent le savoir,
Nous avons lâché une paire de ces aigles glorieux

Ils ont battu des ailes dans le ciel.
Ils ont plané dans les cieux profonds
du pays de Chine...
Nous avons retrouvé la trace de l'ombrelle
Nous lui avons barré la route
Nous l'avons ramenée et nous vous la remettons.

Emmenez-la, jeune bru, emmène le jeune gendre
Pour qu'elle vous abrite
Jusque sur les pentes plissées
Sur les pentes des montagnes où s'enchevêtrent
les paillotes...
Ne l'ouvre surtout pas en de mauvais lieux
de peur que des bêtes malfaisantes
ne vous la disputent...

Le coq enroué a chanté à plusieurs reprises
A plusieurs reprises il a exhorté le soleil à apparaître
Pour que de sa douce lumière,
il éclaire les pentes contournées
Les champs pliés en trois versants abrupts.
Discrètement, il vient éclairer l'intérieur de la maison
de Père et de Mère (le père et la mère de la mariée).

Voilà qu'il descend maintenant
Et il est temps que nous autres humbles servants (les entremetteurs)
Nous nous mettions en route...

# Prière du pleureur

Pendant les longues nuits, l'océan est bruyant.
Le tumulte est le fruit du combat.
Le mal et le bien ne font pas bon ménage.
Pendant les longues nuits, la montagne est bruyante,
le vent siffle dans la cime des arbres.
Les méchants ne cherchent pas le bonheur.
Le rameau vigoureux du bouleau
à la tête verte
tire mon pied de ses entraves.
Ne confie pas un secret au jeune homme.
Le rameau vigoureux du chêne des forêts
tire mon pied hors de ses chaînes.
Ne confie pas un secret à la jeune fille.
Le rameau vigoureux du chêne feuillu
tire mon pied de sa prison.
Ne confie pas un secret au bavard.
Le rameau vigoureux de la ronce
couverte de mûres
abrite le nid du merle.
Jamais le merle, ni le conteur ne se taisent.
Il pleut au-dehors, mon abri est étroit,
la bruyère jaunissante, le panais maigre.

Dieu, roi du ciel,
pourquoi as-tu créé un pleureur comme moi ?

*Llywarch Hen*

## Demeure dans l'ombre

Ne te mets pas dans la lumière.
Si tu te mets dans la lumière,
le temps te prend.
Tu deviens l'esclave du temps.

Demeure dans l'ombre.
Dans l'ombre,
le temps ne peut pas te prendre
parce que tu es forcé de rester éveillé.
Et quand tu es éveillé dans l'ombre,
la lumière, c'est toi.

Dans l'ombre,
tu es la lumière
née de l'infini mystère de la vie.

***El Chura***

# Prière à Pan

Ô mon cher pan,
et vous autres, toutes tant que vous êtes,
Divinités d'ici,
accordez-moi d'acquérir la beauté intérieure,
et pour les choses extérieures
faites que toutes celles qui m'appartiennent
aient de l'amitié pour celles de l'intérieur !

Puissè-je aussi me persuader
de la richesse du sage !

Puisse être ma fortune
juste de la grandeur qu'il faut !

***Socrate***

## J'aime ce que tu aimes

Tout ce qui te convient, ô Monde,
me convient aussi !
Rien n'est pour moi prématuré ou tardif
de ce qui pour toi vient à point.

Tout de ce que m'apportent tes saisons
est pour moi un fruit savoureux, ô Nature !
Tout vient de toi ;
tout est en toi ;
tout rentre dans toi.

La Terre aime la pluie.
Le ciel divin aime aussi la pluie.
Le Monde aime produire
tout ce qui doit se produire.

Je dis donc au Monde :
« J'aime ce que tu aimes ! »

*Marc Aurèle*

# *Bibliographie*

# Prières d'Afrique

***Prière d'un petit enfant nègre pour ne plus aller à l'école***
Guy Tirolien, cité par Léopold Sédar Senghor in *Anthologie de la nouvelle poésie nègre et malgache de langue française*, Presses universitaires de France, 1985.

***Du'à***
Prière musulmane souaheli, citée par Ernst Damman in *Les Religions de l'Afrique*, traduit de l'allemand par L. Jospin, Payot, 1978.

***Prière à la nouvelle lune***
Prière des Mensa, citée par Louis-Vincent Thomas et René Luneau in *Les Religions de l'Afrique noire, textes et traditions sacrés*, Stock, 1995.

***Imana !***
Prière des Tutsis, citée par Louis-Vincent Thomas et René Luneau in *Les Religions de l'Afrique noire, textes et traditions sacrés*, Stock, 1995.

***Chant de l'Arc-en-Ciel***
Prière pygmée (Forêt équatoriale, Congo, Gabon). L'arc-en-ciel est le symbole de Dieu ; dès qu'un Pygmée l'aperçoit, il doit abandonner son travail, bander son arc, ce placer face à l'arc-en-ciel et psalmodier ce chant. Cité par Louis-Vincent Thomas et René Luneau in *Les Religions de l'Afrique noire, textes et traditions sacrés*, Stock, 1995.

***Profession de foi***
Profession de foi chrétienne des Mosis (Haute-Volta), citée par Louis-Vincent Thomas et René Luneau in *Les Religions de l'Afrique noire, textes et traditions sacrés*, Stock, 1995.

***Que l'Afrique te connaisse***
Prière d'un prêtre camerounais, citée par Louis-Vincent

Thomas et René Luneau in *Les Religions de l'Afrique noire, textes et traditions sacrés*, Stock, 1995.

***Une ceinture de mains fraternelles***
Léopold Sédar Senghor, de l'Académie française, ancien président de la République du Sénégal, in *Hosties noires*, *Œuvre poétique*, Le Seuil, 1990.

***L'homme qui te ressemble***
René Philombé, *Petites gouttes de chant pour créer l'homme*, in *Le Monde*, 8 février 1973.

***Chant de berger peul***
Amadou Hampaté Bâ, poésie peule du Macina, *Le Monde noir*, éditions Présence africaine.

## Prières du bouddhisme

Le prince Siddharta Gautama serait né, vers 556 avant notre ère, à Kapilavastu, dans le sud-est du Népal, au lieu-dit Lumbini. A l'âge de 29 ans, après une jeunesse plutôt frivole, il quitte le palais royal pour « chercher la vérité » et comprendre le sens de l'existence. Durant des années, il suit l'enseignement des sages d'alors mais sans obtenir les résultats escomptés. Il finit par se cloîtrer dans une grotte jusqu'à commencer d'y dépérir. Dans un dernier élan, il sort de sa retraite et surprend un maître de musique en train de parler à ses élèves. Ce dernier explique combien il est important de trouver « l'accord juste ». Pour Siddharta, c'est la soudaine révélation : il comprend que la vérité se trouve dans l'équilibre et établit ainsi le premier principe : la voie du juste milieu. Devenu Bouddha (mot sanskrit signifiant « L'Eveillé »), il va passer sa vie à prêcher que la vie est douleur en enseignant le moyen de se libérer de cette douleur si l'on suit un chemin, *le noble octuple sentier*, tracé en huit points. Il mourut à l'âge de 80 ans.

***Entre le ciel et la terre***
Texte du Bouddha, cité in *Paroles du Bouddha*, textes recueillis par Marc de Smedt, Albin Michel, Carnets de sagesse, 1993.

***Huitième discours***
Discours du Bouddha, huitième discours, cité par Denis Huisman et Marie-Agnès Malfray in *Les Plus Grands Textes de la philosophie orientale*, Albin Michel, 1992.

***Essayez de pratiquer ce que je dis***
Milarepa (1052-1135). Auteur de nombreux chants, il est le plus célèbre des maîtres du bouddhisme tibétain. Sa biographie, rédigée au XVe siècle, demeure une des grandes œuvres de la littérature tibétaine. Texte cité par Pierre Crépon in *Les Fleurs de Bouddha*, Albin Michel, Spiritualités vivantes.

***Sutra***
Texte cité par Pierre Crépon in *Les Fleurs de Bouddha*, Albin Michel, Spiritualités vivantes, 1991.

***Celui qui calme la douleur***
Cândidéra (VIIe siècle), cité in *Bodhicaravatara*, traduction de L. Finot.

***Comme la lampe s'est éteinte***
Poème de Patacara. Celle-ci fut l'une des personnalités les plus fortes de la première communauté bouddhiste. Poème cité par Susan Murcott in *Bouddha et les femmes*, traduit de l'anglais par Bénédicte Niogret, Albin Michel, 1997.

## Prières des catholiques et des protestants

***Tu étais avec moi***
Saint Augustin (354-430), cité in *Les Prières des chrétiens, choix de textes réalisé par des frères et des sœurs dominicains*, Le Cerf, 1996.

***Faites que je vous reconnaisse***
Pierre Teilhard de Chardin (1881-1955), cité in *Les Prières des chrétiens, choix de textes réalisé par des frères et des sœurs dominicains*, Le Cerf.

***Cantique des créatures***
Saint François d'Assise (1181-1226), cité in *Les Prières des chrétiens, choix de textes réalisé par des frères et des sœurs dominicains*, Le Cerf.

***Tu es ici pour nous***
Dante, *La Divine Comédie, Le Paradis, Chant XXXIII*, cité par Pierre Miquel in *Cinq mille ans de prière*, Desclée de Brouwer, 1989.

***Je meurs de ne pas mourir***
Sainte Thérèse d'Avila (1515-1582), citée in *Œuvres complètes de Thérèse d'Avila, tome IV : Le Château intérieur*, traduit de l'espagnol par les carmélites du monastère de Clamart, Le Cerf, 1982.

***Accorde-moi le repos***
Jean Calvin (né à Noyon, Picardie, en 1509 ; mort à Genève en 1564).

***Telle une frêle barque***
Michel-Ange (1475-1564), cité in *Poèmes de Michel-Ange*, Mazarine, 1983.

***Espère en Dieu !***
Psaume 42, Ancien Testament, Deuxième Livre, *Traduction œcuménique de la Bible*, Alliance biblique universelle-Le Cerf, 1995.

***Vois-tu l'âme humaine ?***
Federico Garcia Lorca (1899-1936), in *Œuvres complètes*, éd. André Belamich, Gallimard, 1981.

***Que je ne cède pas au doute***
Martin Luther (1483-1546), cité in *Cinquante-deux méditations et prières*, adaptation française de Marc Splingart.

***Donnez-moi l'humour***
Saint Thomas More (1478-1535).

***Mettez la paix***
René Bazin (1853-1932).

***Prière pour aller au Paradis avec les ânes***
Francis Jammes (1868-1938), Gallimard, 1982.

***Prière pour les animaux***
Albert Schweitzer (1875-1965).

***Vous m'avez blessé d'amour***
Paul Verlaine (1844-1896).

***Je vous salue, Marie***
Francis Jammes, *Rosaire*, 31, 33, 35.

## Prières russes et orthodoxes

***Symbole de la foi***
Cité in *Prières de l'Eglise orthodoxe*, textes traduits et présentés par Jacques Tourailles, Desclée de Brouwer, 1989.

***Alors, j'irai vers toi***
Poème de Mikhaïl Lermontov (1814-1841), cité in *Poésie russe*, Maspéro, 1983.

***Prière du Métropolite Philarète de Moscou***
Au XIX^e^ siècle, le Métropolite Philarète de Moscou fut le plus éminent prélat de l'Eglise russe. On lui doit de remarquables

sermons et la rédaction d'un catéchisme. Texte cité par Michel Evdokimov in *La Prière des chrétiens de Russie*, éditions C.L.D., 1988.

***Sois le guide de mes pensées***
Au XIXe siècle, le monastère d'Optymo fut un des grands centres spirituels de la Russie. Il fut rasé après la révolution d'Octobre et ses moines dispersés. Néanmoins, ces statsi restent considérés par le peuple russe comme leurs gardiens spirituels. Texte cité par Michel Evdokimov in *La Prière des chrétiens de Russie*, éditions C.L.D., 1988.

***La certitude claire que Tu existes***
Prière d'Alexandre Soljenitsyne (né en 1918), citée in *L'Archipel du Goulag*, Le Seuil, 1974.

***Prière du soldat inconnu***
Cette prière fut retrouvée dans la poche d'un soldat inconnu tué lors de la Seconde Guerre mondiale. Texte cité par Michel Evdokimov in *La Prière des chrétiens de Russie*, éditions C.L.D., 1988.

## Prières de l'hindouisme

Le Veda (ou les Vedas) sont les plus anciennes écritures religieuses de l'Inde : le Veda est la parole sacrée — le « Brahman ». Les Upanishads forment la dernière partie du Veda. Le Brahman ne représente alors plus seulement la parole sacrée mais également « L'Absolu ».

***Dans l'univers en mouvement***
*Les Upanishads*, cité par Denis Huisman et Marie-Agnès Malfray in *Les Plus Grands Textes de la philosophie orientale*, Albin Michel, 1992.

***L'âme est dans tous les êtres***
*Les Upanishads*, cité par Denis Huisman et Marie-Agnès Malfray in *Les Plus Grands Textes de la philosophie orientale*, Albin Michel, 1992.

***Je suis Shiva***
Shankara (IXe siècle), *Six stances sur le nirvana*, cité par Denis Huisman et Marie-Agnès Malfray in *Les Plus Grands Textes de la philosophie orientale*, Albin Michel.

***Afin de demeurer toujours dans la paix***
Nanak (XVIe siècle), gourou indien à l'origine de la secte des Sikhs, cité par Denis Huisman et Marie-Agnès Malfray in *Les Plus Grands Textes de la philosophie orientale*, Albin Michel, 1992.

***Donne-moi la simplicité***
Poème du saint-tisserand Kabîr (XVe siècle), cité par Patrick Mandala in *La Voie du cœur, textes mystiques de l'Inde*, éditions Chiron, 1996.

***Envoie-moi l'amour***
Rabindranath Tagore (1861-1941), poète et mystique bengali, prix Nobel de littérature en 1913, *La Corbeille de fruits*, traduction d'Hélène du Pasquier.

## Prières des Indiens

***Prière ojibwa***
Citée par Michel Piquemal in *Paroles indiennes, textes indiens d'Amérique du Nord*, Albin Michel, Carnets de sagesse, 1994.

***Prière iroquoise***
Citée par Michel Piquemal in *Paroles indiennes, textes indiens d'Amérique du Nord*, Albin Michel, Carnets de sagesse, 1994.

***Nakasuk***
Prière pour la chasse, citée par Serge Bramly in *Terre Wakan, univers sacré des Indiens d'Amérique du Nord*, Robert Laffont, 1974.

***Prière Osage***
Citée par Serge Bramly in *Terre Wakan, univers sacré des Indiens d'Amérique du Nord*, Robert Laffont, 1974.

## Prières d'Islam

Le Coran est le Livre sacré des Musulmans qui contient la doctrine islamique. Il représente la Parole de Dieu transmise au Prophète Mahomet par l'ange Gabriel. De 610 à 632, le Prophète a dicté ses révélations à ses scribes tout en l'enseignant à des mémorisateurs chargés de le transmettre oralement. A la mort de Mahomet (ou Muhammad) en 632, les différentes versions furent rassemblées et triées. C'est à la demande du calife Uthmân que fut privilégiée la version conservée par les plus jeunes des secrétaires de Mahomet, Zayd Ibn Thâbit.

***Mon Dieu, ne sois pas contre nous***
Abu Amid Al-Ghazali (Xe siècle). Théoricien du soufisme, il est considéré comme l'un des plus importants théologiens de l'Islam, *Lettre au disciple*, traduction de T. Sabbagh, Unesco, 1959.

***Voilà ce que je te demande***
Yasna 44, cité par Denis Huisman et Marie-Agnès Malfray in *Les Plus Grands Textes de la philosophie orientale*, Albin Michel, 1992.

***La Fathia***
Il s'agit là de la première prière du Coran, prière dite d'« ouverture », *Le Coran*, Sourate I, traduction de D. Masson, Gallimard-Folio, 1967.

***Parfois...***
Echrefoghlou Roumi, cité par Sylvia Lipa Lacarrière in *Paroles soufies*, Albin Michel, Carnets de sagesse, 1996.

***Dans la demeure de Laïla***
Poème dû à Cheikh Ahmad al Alawi. Celui-ci, né à Mostaganem en 1869 et mort en 1934, est le fondateur de la Tariqua (Voie) qui porte son nom : Alawiya. Nourri de la grande tradition soufie, il manifesta une grande curiosité pour toutes les religions — avouant un intérêt tout particulier pour l'Évangile de Jean. *Dans la demeure de Laïla* est un poème audacieux que le seul mystique peut oser parce que son cœur ne peut mentir en révélant le secret. Laïla signifie « nuit » et représente l'Essence divine dont l'éblouissante beauté attire, blesse et transfigure. Cité par Pierre Cuperly in *Prières des fils d'Abraham, choix de prières musulmanes, juives et chrétiennes*, Le Cerf, 1992.

***Ôte-moi de moi-même***
Yunus Emré, poète soufi, cité par Sylvia Lipa Lacarrière in *Paroles soufies*, Albin Michel, Carnets de sagesse, 1996.

***La Lumière***
*Le Coran*, Sourate XXIV, traduction de D. Masson, Gallimard-Folio, 1967.

***La vérité sur Dieu, c'est qu'il est saint***
Husayn Mansûr Hallaj (857-922). Poète et philosophe, il est le grand représentant de la mystique soufie. *Dîwân, Qasîda IV, sukûtun, thumma santun... ramsu*, texte traduit et présenté par Louis Massignon in *Dîwân, Husayn Mansûr Hallâj*, Le Seuil, 1982.

***Le vent et la poussière***
Prière de Djalàl Al-Din Rùmi, poète mystique soufi du XII<sup>e</sup> siècle, cité par Nacer Khémir in *Paroles d'Islam*, Albin Michel, Carnets de sagesse, 1994.

***Une fièvre brûle dans mon cœur***
Ibrahim Misri, poète soufi, cité in *Le Soufisme,* traduction de J. Gouillard, Cahiers du Sud.

## Prières juives

***La profession de foi***
Les 13 articles de la foi « Ani Maamin » : prière qui peut être ou individuelle ou collective et se récite après les autres prières. Les prisonniers juifs des camps de concentration nazis la récitaient avant d'être exterminés. Citée par Joseph Bloch in *Rituel de prières pour tous les jours de l'année,* Editions Fondation Sefer, Paris.

***Bénédiction de la Thôrâh***
Citée in *Rituel de prières pour tous les jours de l'année,* Editions Fondation Sefer, Paris.

***Récitation du Shema Yisraèl***
Citée in *Rituel de prières pour tous les jours de l'année,* Editions Fondation Sefer, Paris.

***L'Aleynû***
A la synagogue, cette prière marque la fin de chaque culte. Elle est attribuée à Abba Areka (160-247) qui fut le fondateur de la synagogue babylonienne de Sura. Citée par Schalom Ben Chorin in *Le Judaïsme en prière,* traduit de l'allemand par Michel Beauvallet et Alexandre Winogradsky, Le Cerf, 1984.

***Prière du matin de Kippour***
Citée in *Prières juives,* présentation de Jean Tourniac, éditions Jacqueline Renard, 1991.

***Racontons la puissance « Ou-netane Tokef »***
On trouve déjà ce poème liturgique dans des manuscrits du début du XIIIe siècle. Il est attribué au Rabbin Amnon de la ville

de Mayence, en Allemagne. A noter que ce texte, qui évoque les peines encourues par l'homme coupable aux yeux de l'Eternel, a été accepté et sanctifié dans toutes les dispersions d'Israël. Cité in *Prières juives*, présentation de Jean Tourniac, éditions Jacqueline Renard, 1991.

***Psaume 91***

Psaume récité, à la synagogue, le matin et le soir du Sabbat. Il agit comme un « bouclier » et représente un appel à l'assistance divine pour l'homme en voyage. Cité in *Prières juives*, présentation de Jean Tourniac, traduction de Louis Segond, Editions Jacqueline Renard, 1991.

***Rocher de ma force***

L'auteur de ce chant — Maoz Tzûr : Rocher de ma force — serait Mordekhai, poète ayant vécu en Allemagne vers l'an 1250. Cet hymne, extrêmement populaire, est chanté durant la fête de Hanukka. Texte français de Julien Weil, cité par Schalom Ben Chorin in *Le Judaïsme en prière*, Le Cerf, 1984.

***Seigneur du monde***

Hymne Adon Olam. Texte français de Edmond Fleg, cité par Schalom Ben Chorin in *Le Judaïsme en prière*, Le Cerf, 1984.

***Prière finale du Sabbat***

## Autres prières d'hier et d'aujourd'hui

### Prières baha'ies

Fondée en 1844, la foi Baha'ie regroupe aujourd'hui plus de 5 millions de fidèles. Le fondateur de cette foi est Baha'u'ullah, un noble persan originaire de Téhéran, qui prétendit être le nouveau messager de Dieu. Son message est qu'il n'existe qu'un seul Dieu et une seule race humaine, en vertu de quoi il prône l'unité et la paix dans le monde.

***Que ta joie passe sur moi***
Baha'u'llah. Cité in *Livre de prières Baha'ies*, Maison d'éditions Baha'ies.

***Tu es bon envers nous***
Baha'u'llah. Cité in *Livre de prières Baha'ies*, Maison d'éditions Baha'ies, 1996.

## Hymnes et prières de l'Egypte ancienne

***Hymne à Amon***
Texte cité par André Barucq et François Daumas in *Hymnes et prières de l'Egypte ancienne*, Le Cerf, 1980.

***Louange du Nil***
Hymne écrit à l'occasion du premier jubilé de Ousermaâtré Setepenrê, fils de Rê. Cité par André Barucq et François Daumas in *Hymnes et prières de l'Egypte ancienne*, Le Cerf, 1980.

***La chanson des quatre vents du ciel***
Citée par Claire Lalouette in *Textes sacrés et textes profanes de l'ancienne Egypte*, Gallimard, 1987.

## Prières Hmong ou Miao

Tribu de Chine dont on ignore l'origine exacte, les Hmong occupaient, bien avant l'arrivée des Chinois, le bassin inférieur du fleuve jaune et celui du Hoai. Leur religion diffère de celle de tous les autres peuples asiatiques : les Hmong ne sont ni bouddhistes, ni taoïstes, ni confucianistes, ni shintoïstes ; ils n'élèvent pas de monuments, ne possèdent pas d'idoles et vivent un monothéisme primitif.

***Chant d'une jeune fille à l'intention de son amant***
Cité par Jean Lartéguy, avec la collaboration de Yang Dao, in *La Fabuleuse Aventure du peuple de l'opium*, Presses de la Cité, 1979.

***Chant de mariage***
Cité par Jean Lartéguy, avec la collaboration de Yang Dao, in *La Fabuleuse Aventure du peuple de l'opium*, Presses de la Cité, 1979.

**Prière celte**

***Prière du pleureur***
Llywarch Hen (VI^e^ siècle), cité par Jean Markale in *Paroles celtes*, Albin Michel, Carnets de sagesse, 1996.

**Prière de Chamans**

***Demeure dans l'ombre***
Texte inédit de El Chura, rapporté par Henri Gougaud in *Paroles de Chamans*, Albin Michel, Carnets de sagesse, 1997.

**Prière de la Grèce antique**

***Prière à Pan***
Texte de Socrate (470-399 av. J.C.) cité in *Platon, Phèdre, prière de conclusion*, traduction de Léon Robin, Les Belles Lettres.

**Prière de la Rome antique**

***J'aime ce que tu aimes***
Poème de Marc Aurèle (121-180), empereur et philosophe romain, cité par Benoît Desombres in *Paroles de la Rome antique*, Albin Michel, Carnets de sagesse, 1994.

Cet ouvrage composé par I.G.S. - Charente Photogravure
à L'Isle-d'Espagnac
a été achevé d'imprimer
sur les presses de l'imprimerie Pollina à Luçon
pour le compte des Editions Albin Michel
Achevé d'imprimer en septembre 1997

N° d'édition : 16315
N° d'impression : 72917
Dépôt légal : septembre 1997